マルクスの社会主義と非政治的国家

——一大協同組合から多元的連合社会へ

国分幸

ロゴス

まえがき

「非政治的」国家という言葉を用いたのはレーニンであり、マルクス自身が用いているわけではない。そういう点では、この言葉は「計画経済」という言葉と似た側面がある。というのも、マルクスやエンゲルスは確かに計画経済という言葉そのものを用いたことはないからである。しかし彼らは計画的な生産については幾度も繰返し語っており、それを計画経済と呼ぶ点に特に差しさわりはない。それと同様に、非政治的国家という言葉こそ用いていないが、マルクスは非政治的な国家について何度か言及している。彼が『ゴータ綱領批判』（一八七五年五月）で述べている「共産主義社会の国家制度 Staatswesen」という一句もその一つである。この一句を理解するためには、非政治的国家という言葉は必要不可欠な概念である。

マルクス主義の国家論としてよく知られているのは、「階級国家論」（国家とは一階級が他の階級を抑圧するための機関である）と「国家死滅論」（階級の死滅と共に国家も不可避的に死滅する）である。この場合の「国家」は「統治機関」としての国家（status）である。資本主義から社会主義への過渡期に存在する「プロレタリアート独裁」国家についても、無論これらの国家論は当てはまる。『共産党宣言』には「本来の意味の政治的権力 Gewalt は、ある階級が他の階級を抑圧するための組織された暴力である」と述べられているが、この政治的権力も「統治機関」としての国家の権力である。

だがしかしこれらの国家論は、マルクスが「共産主義社会の国家制度」と述べた場合の国家に対して妥当しないのは明白である。なぜなら、この社会にはもはや階級は存在せず、従ってまた「本来の意味の政治的権力」である統治機関としての国家も存在しないからである。そこで社会主義社会（共産主義の低次段階）においては、「等量労働交換」（必要な控除が行われた個人的労働量と同等の労働量に相当する消費手段との個別生産者による交換）というブルジョア的権利を保護するために、死滅しつつある「ブルジョアジーなきブルジョア国家」が管理機関として存続するとする説が唱えられることになる（レーニン、トロツキー）。

マルクスが非政治的国家の存在を認めていることを示すもう一つの事例は、「バクーニンの著書『国家制と無政府』摘要」の中に出てくる一文である。この摘要は『ゴータ綱領批判』の数ヵ月前に作成されたものであるが、「人民全体が統治するようになる。すると統治される者はいなくなる。……そうなれば政府はなくなり、国家はなくなるだろう」というバクーニンの言葉を受けて、マルクスは次のように述べている。「これはただ、階級社会が消滅すれば、今日の政治的な意味での国家はなくなるということである」（MEW 18, S.634）。

「階級的」国家を「政治的」国家と呼ぶとすれば、社会主義段階に存在する「非階級的」国家は「非政治的」国家と呼ぶのがふさわしいと言えよう。

だがしかしマルクスが「共産主義社会の国家制度」と述べたとき、この非政治的国家の任務として彼の念頭にあったのは、単に「等量労働交換」を督励することだけではあり得ない。言うまでもなく共産主義社会は、社会主義段階を含め、市場廃止の計画経済社会なのだから、計画経済を遂行することこそはこの国家の何よりも枢要な任務として考えられていたはずである。そうだとすれば、市場廃止の計画経済が存続する限り、そうした任務もまた当然存続し、その限りこの国家自身も永続するのは必然である。かくして、「死滅する」のはもっぱら「政治的」国家のみであることになる。

肝心なのはこの非政治的国家とは何かということである。統治機関ではなく、単なる管理機関にすぎないものを国家と呼ぶのは不自然である。それはむしろ非政治的国家が有する管理機関と言うべき性質のものである。そうだとすれば、「共産主義社会の国家」である非政治的国家とは、共産主義的共同体（一大協同組合）そのものを意味することになる。

マルクス主義の国家論には、先に挙げた「国家＝統治機関」論とは異なる、国家に関するもう一つの発想がある（広松渉『唯物史観の原像』一三四頁以下）。「国家というものは、支配階級の諸個人が彼らの共通利害を貫徹し、ある時代の市民社会全体が自らを総括する形態である」（広松渉編訳『ドイツ・イデオロギー』一五六頁）や「国家は、全社会の公式の代表者であり、目に見える一団体へと全社会を総括するもの Zusammenfassung であった」(『反デューリング論』MEW 20, S.261)とする国家観(国家=社会統体論)がそれである。つまり国家は、統治機関としての側面と同時に、社会をまとめ上げる機関という側面も併せ持っているわけである。

かくして、総括するものとしての国家によってまとめ上げられた社会とこの国家自身を含む一全体が存在することになる。それはホッブスによってコモン・ウェルス、civitas と呼ばれたものに該当する国家である。この国家は、階級社会においては、統治・総括機関としての国家を含む社会全体を意味し、国家を「幻想的共同社会」(『ドイツ・イデオロギー』一二七頁)とする認識もこうした国家観の系列に属すると言えよう。

先に述べた「共産主義社会の国家」を共産主義的共同体とする理解も同一の国家観に連なるものであり、社会全体をまとめ上げる機能は非政治的な国家機関によって遂行される。「一国一工場体制」をもたらす計画経済はそのような機能の大半を担うことになる。

二〇一六年一一月

国分　幸

マルクスの社会主義と非政治的国家　目次

第一章

一国一工場体制から利潤分配制の連合社会へ

1　二〇世紀社会主義の最大の問題＝スターリン主義

二〇世紀社会主義の最大の問題をスターリン主義とする点におそらく異論はないであろう。それは、搾取と階級的抑圧からの人間解放という社会主義の理念を、マルクスがアジアの専制国家に対してただ一度だけ用いた総体的奴隷制(1)という規定がぴったり当てはまるような、文字通りの悪夢に一変させた次第である。スターリン主義は社会主義そのものに計り知れない打撃を与え、その将来に暗い影を投げかけている。一体なぜ社会主義は総体的奴隷制の悪夢に一変したのか？これこそは根本原因にまでさかのぼって徹底的に解明されねばならない問題である。だかしかしそうした解明もいまだ十分になされないままに、マルクス・レーニン主義＝ロシア・マルクス主義の強い影響下にあったわが国では、いわゆる「東欧市民革命」によるスターリン主義体制の自壊以後、社会主義はもはや過去の歴史の遺物であるかのごとき言論が横行し、社会民主主義すら壊滅的状態に陥っている有様である。

それ故、こうした時流の言論に抗し、二一世紀の社会主義について語ろうとするならば、まずはスターリン主義の根底を理論的に解明し、これを徹底的に批判することが必須の先決要件であり、その結果として初めてスターリン主義とは異なるもう一つの社会主義、すなわち自由と平等をもたらす解放的な連合社会 association としての社会主義について展望することが許されるであろう。

2　スターリン主義と一国一工場体制

A　スターリン主義体制の土台＝「一国一工場」体制

スターリン主義体制の土台を「一国一工場」体制に見る立場はR・バーロ以来のものであるが、(2)この見地はスターリン主義体制の土台の把握としてきわめて適切であり、かつ妥当なものであると言うことができる。付言するまでもなく、一国一工場体制とは一国全体の経済を単一の独占的な巨大工場（巨大会社）として経営する国家独占体制のことであるが、社会主義に関するそうした構想は、サン・シモン派やフーリエ派といった一九世紀初期の社会主義の諸派において既に提唱されている。レーニンもまた『国家と革命』において社会主義をそのような体制として明言したわけであるが、彼の構想はなかんずくサン・シモン派のものに酷似している。(3)その限り、スターリン主義体制の直接的な理論的根拠をわれわれはレーニンの社会主義論、すなわちマルクス・レーニン主義に見いだすことができる。

われわれは一国一工場構想に直接関連するレーニンの社会主義論を次のような四テーゼに要約

することができる。①共同所有＝国有、②社会主義社会＝国家独占的な「一国一工場」体制、③市場廃止の国営計画経済、④社会主義段階における「階級のない非政治的」国家の存続（「階級はもはやない……。しかし国家はまだ完全に死滅したのではない。[4]」）。

第一のテーゼについて言えば、こうした同一視はマルクスやエンゲルスの文書には見当たらないので、レーニンの全くの誤りであるとの指摘がある。「国有」を「共同所有」と同一視するこの説は、今日なお多くの人々の思考を呪縛している。この同一視は確かにレーニンの「ロシア共産党（ボ）綱領草案」に見いだされるが、しかしマルクスやエンゲルスの公表したテクストにそのような記述があるわけではない。それどころかこうした通説とは異なり、彼らは国有と共同所有を区別しているように見える。かくして、この同一視は「マルクス主義者の犯している最大の誤謬」であるとする説も唱えられることになる。[5]

例えばマルクスはアジアの専制国家では国家が土地所有者であるとする立場をとっているが、[6]しかしその場合、彼はこの国有をもちろん共同所有と見ているわけではない。エンゲルスもまた、国有を「社会の名における生産手段の占有獲得」と規定し、他方の共同所有を「社会による生産手段の占有獲得」と規定することによって両者を区別しており、[7]「国家社会主義」に対する彼の批判もこうした区別に立脚するものである。[8]彼らの場合、社会主義との関連で言えば、国有はあくまでも共同所有（社会的所有）に至る単なる過渡的手段として是認されているにすぎない。

『資本論』仏語版やその後の文書においてもなおマルクスは、社会主義（低次の共産主義）社会において実現されるべき共同所有を「共同所有の高次形態」とは言うものの、その何たるかをポジティヴな仕方で明確に規定するに至らなかったのは事実である。なるほど『ゴータ綱領批判』には「物的生産諸条件が労働者たち自身のゲノッセンシャフト的所有である」という表現が一度出て来る。Genossenschaft は一般に「協同組合」と訳されている。それ故、労働者個々人が出資金に応じた持分を持つ「協同組合的所有（合有）」こそは「共同所有の高次形態」であるように思われるかもしれない。

しかしこの個所を含め、『ゴータ綱領批判』では「合有」が明示的な仕方で問題にされているわけではない。論じられているのは、物的生産手段が、資本家たちではなく、労働者たち自身の所有であり、しかもゲノッセンシャフトという組合によってそれが実現されている場合である。約言すれば、この組合を媒介した「労働者自身による所有」である。しかも「ドイツ労働者党綱領」（ゴータ綱領）では、ゲノッセンシャフトは一国規模の一大協同組合すなわち社会主義共同体と同義なものとして用いられており、マルクス自身それを「生まれたばかりの共産主義社会」とも換言している(9)。

「ゴータ綱領」自身では、労働用具は「社会の共同財産 Gemeingut」とされており、マルクス自身もこの点については何も異議を唱えていない。社会とは労働者たちが形成する一大組合に他ならないから、「社会の共同財産」とは先の「労働者たち自身のゲノッセンシャフト的所有」に当たるのは無論である。問題なのは、普通の協同組合のように、それが労働者個々人による「合有」なのかどうかということである。一大組合は一大会社に他ならないから、それは個々人による会社的＝社会的所有（合有）であるように見える。しかし他方、上記のようにゲノッセンシャフトは社会主義共同体と同義に用いられており、また「個々人の消費手段の他には何物も個別人の所有に移りえない」[10]とされている点からすると、この所有は「合有」ではなく、「共同体的所有」と同義なもののようにも思われる。それ故、レーニンをも含め、多くの人々はこれまでゲノッセンシャフト的所有を共同体的所有と理解して来たわけである。第三章で再論するように、このような理解の方がマルクス解釈としては妥当である。

以上のように『ゴータ綱領批判』で用いられているゲノッセンシャフトは「合有」を所有形態とする通常の協同組合 Kooperativgesellschaft とは異なる。それにもかかわらず、マルクスが協同組合に当たるドイツ語 Genossenschaft を充当したのは、そこでは協同組合の三原則、すなわち利潤分配制、労働者自身による所有と経営が行われると見なしたからであろう。本書では、通常の協同組合との上記の差異を確認したうえで、以後「協同組合」という従来の訳語を用いることにする[11]。

協同組合が一国規模の共同体の場合には、以後、一大協同組合あるいは協同体という訳語を用いる。巨大な会社である一大協同組合が、労働者たち自身の所有である「社会の共同財産」を用いて生産を行うわけであるから、そのための経営・管理機関は不可欠である。肝心なのは、一大協同組合は国家であり、経営・管理機関は国家の機関なのかどうかということである。

かくして共同所有と国有の関係はマルクスの後期思想における第一の大きな謎としてなお残されているわけであるが、この問題は第四のテーゼと深く関わっている。というのも、階級のない国家が社会主義段階においても存続するとなれば、革命期に「差し当たり国有に転化(12)」された生産手段が、「一国一工場」体制の下では引き続き国有に留まるのは自然な成り行きだからであり、他方、国家が存続しなければ、「共同所有＝国有」というテーゼそのものが存立しえないのは自明だからである。

したがって問題解決の鍵は、「社会主義段階における階級のない国家の存続」という主張が一手に握っていることになる。社会主義と国家の問題、これはマルクスの後期思想における残された第二の大きな謎であるが、はたしてこの第四のテーゼはマルクスの国家理説に関するレーニンの全くの誤解にもとづくものなのであろうか？　結論を先に言えば、「否」である。それどころか、このテーゼはマルクスの意思に沿うものであるとも言える。詳しくは次章以降に委ねるとして、差し当たりここでは、マルクスが社会主義段階における非政治的国家の存在を認めていることを指摘するだけにとどめる。『ゴータ綱領批判』の上記の個所でも、言うところの die Genossenschaft

（協同組合）は一国規模の一大協同組合として一国一工場的に構想されており、したがって「労働者たち自身」のものとされる「協同組合的所有」も、その実は、名目的なものになる可能性が濃厚である（本章3B④参照のこと）。

B　一国一工場体制の陥穽＝アジア型国家への変質

「一国一工場」体制は国家と同規模の一大独占企業体制に他ならないわけだから、民間の企業で一般に行われていることが、ここではもっぱら国家規模の一大企業で行われることになる。周知のように、一般にどの企業にも全体を経営・管理するための中枢となる中央機関が必然的に存在し、そこから集権的な仕方で経営・管理が行われる。したがって「一国一工場」というこの一大国家独占企業の場合にも同様に、①経営・管理の中央集権化が、しかも全国規模での中央集権化が必須であり、②それに伴いこの巨大な経営規模に応じた巨大な経営・管理機関が不可欠になり、③加えるにこの機関は、これまた民間の企業の場合と同様に、精神労働と肉体労働という垂直分業に依拠することにならざるをえない。しかもこの分業は、共産主義社会の高次段階に至るまで、かなり長期にわたり存続することが見込まれる。マルクスは「共産主義社会の将来の国家制度」という言い方をしているが、[13] それは上記のような経営・管理機関を念頭に置いたものであると見なされよう。そうだとすると、そうした経営・管理機関で働く人たちは国家官僚層を形成することになる。④しかし取りわけ問題なのは、エンゲルスが古代アジアにおける階級社会の形成について述べているように、[14] 先のような垂直分業にもとづくこの機関がやがて自立化し、かくして分業にもとづく階級形成が行われ、国家官僚層が支配階級となり、結局のところ、アソシエーション（連合社会）体制は専制的なアジア型国家に変質する可能性がきわめて大きいことである。

3　マルクス、エンゲルスと一国一工場問題

A　プルードンとマルクス：『哲学の貧困』における諸問題

『哲学の貧困』においてマルクスは「プルードンの重要な論議をあえて無視した批判を展開」していることがこれまでにも指摘されてきた。その場合無視されたものとして通常挙げられるのはプルードンの「疎外論」である。[15] しかしマルクスによる無視ないし回避・素通りは決してこれに尽きるものではない。プルードンによるルイ・ブラン批判もそれに劣らず全く同様に素通りされ、いわば不当な処遇を受けている。プルードンは『経済的諸矛盾の体系あるいは貧困の哲学』において連合組合 association 相互の間の交換について論及しており、「競争（市場）的交換」と「非競争的交換」という対立した二種類の交換様式を念頭に置きつつ、ルイ・ブランが唱える「非競争的交換」について次のように批判している。

「ブラン氏によれば、競争に対する救済策は、あるいはむしろそれを廃止する手段は、権威の介入に存し、国家が個々人の自由に取って代わることに存する」。「ブラン氏は権力を社会の上に置き、そして〔アナーキズム的〕社会主義はそれを社会に従属させようとする。……君はカトリック教も君主制も貴族階級も望まないが、しかし君は神、宗教、独裁、検閲、位階、差別、等級を持たざるをえない(16)」。

このように「非競争的交換」は国家権力に社会を従属させることになるが故に、プルードンはそれには否定的である。しかし彼がこうした交換に否定的なのは単にそれだけの理由からではない。彼は競争について、一九二〇年代の当初に始まる「社会主義経済計算論争」を先取りする、次のような認識を示している。「競争は価値の構成にとって必要である、すなわち分配の原理自身にとって、従ってまた平等の原理の到来にとって必要である。ある生産物がただ一人の生産者によって供給されるならば、この生産物の真実の価値は神秘のままである……。この価値は競争によってのみ発見されることができるのであり、共産主義的な諸制度あるいは人民の法令によってでは全然ない(17)」。

競争的交換を原則として是認する立場に立つとはいえ、彼はしかし無制限な競争を決して容認しているわけではない。彼は無制限な競争から帰結する一連の害悪を列挙しつつ、「競争がそれ自身に委ねられて、より優れた効果的な原理による指導が奪われるならば、それは単に曖昧な運動であり、産業的威力の果てしない振動でしかない[18]」ことを認め、競争を調和的に限定する必要性について次のように述べている。「すなわち問題なのは競争の均衡を発見することであり、私はあえて競争のポリスと言うであろう。なぜなら、あらゆる力、あらゆる自発性の形態は、個人的であれ集団的であれ、その限定を受け入れねばならないからであり、この点では競争も知性や自由と同じである。それでは、いかにして競争は社会において調和的に限定されるであろうか[19]」。

以上のようにプルードンは競争的交換を原則としつつも、それを調和的に限定するという立場を打ち出している。こうした限定はここではポリスと命名されているが、他の個所ではアコモードマン（調整）とも呼ばれている。ポリスという用語をヘーゲルも『法の哲学』で用いているが、彼と同様にプルードンはこの用語をスミスから取り入れている。ヘーゲルの場合、「福祉行政」などと訳されることからも分かるように、それは弱者保護的な行政制度の意味で用いられている。ヘーゲルとは異なり、プルードンの場合、それには貧民救済的な色彩はあまりないが、しかしそれは同様に弱者保護的な諸制度のことであり、「予防的、強制的、抑制的な」行政的諸制度のことである[20]。約言すれば、行政制度による競争の抑制、これがプルードンの立場であると言える。

B　マルクス、エンゲルスと一国一工場構想

プルードンが交換の問題に関して上記のような議論を展開していたにもかかわらず、『哲学の貧

困』にはこの点に関する言及が一言も見られない。このことはこの時点でのマルクスの立場が多分にルイ・ブラン寄りであることを示唆して余りある。それは『共産党宣言』における「国家の生産管理機関化」に関する肯定的な言及や、さらには一八九〇年版序文における、カベーやワイトリングの集権的な「一国一工場」型共産主義を引き合いに出した、エンゲルスによる『共産党宣言』という書名の由来の説明などからも推察することができるであろう。

ルイ・ブランの構想からは「一国一工場」体制としての社会主義が帰結するが、しかし他方、マルクスやエンゲルスには社会主義が「一国一工場」体制であることを明言し公表したテクストはなく、この体制を異論の余地なく直接に論証できるような論拠となる言葉もまた見当たらない。彼らの発言の内に見いだすことができるのは、もっぱらこの体制を示唆あるいは黙示・黙認していると見なすこともできる文言だけであることは、すでに繰り返し指摘されている。そうした発言の主だったものを執筆順に列挙すれば次のとおりである。

①「社会的生産を自由な協同労働の一大調和的体系 one large and harmonious system に転化する……」（マルクス「暫定中央評議会派遣員への指示」一八六八年）。ここでは不定冠詞ではなく数詞 one が使用されており、「一国一工場」体制が強く示唆されていると言える。

②「共同の生産手段を用いて労働し、協議した計画に従って、多くの労働を一個同一の une seule et même 社会的労働力として支出する自由な人々の連合を考えてみよう」（『フランス語版資本

論』一八七五年)。

③「工場制度のこれら熱狂的な弁護者たちは、『一体諸君は社会を一つの工場 une fabrique に変えたいのか?』と金切り声を出す。工場体制が結構なのはプロレタリアにとってだけだ!」(『フランス語版資本論』)。二重括弧の部分はブルジョアたちの言葉であるから、確かにこれをもってマルクスが「一国一工場」体制を唱えたと見なすことはできないが、しかしそれに続く部分を加えた全体からはこの体制に否定的なニュアンスは伝わって来ない。ちなみに英訳版では「一つの工場」は one immense factory となっている。

④普通は「合有」にもとづく協同組合を意味する die Genossenschaft が巨大な協同組合として共産主義社会と同義に用いられている(『ゴータ綱領批判』一八七五年)。ここでは単数定冠詞が用いられており、共産主義社会は一大協同組合であるとする解釈を許容する。

⑤「……すべての生産手段が全国民から成る巨大な連合体 a vast association の手に集積されたならば……」(エンゲルス『共産党宣言』英語版一八八八年、第二節末)。

⑥「社会の総指導部には、農民協同組合 Genossenschaft を次第により高い形態に導き入れ、その協同組合全体ならびにその個別成員の権利・義務を、大共同社会の他の諸部門のそれと均等にするために、必要な影響力が確保される」。「協同組合的な諸経営では賃労働の搾取をますます除去し、大きな全国的生産協同組合の、平等な権利、義務を持った諸部門への漸次的な転化を導入

することができる」（エンゲルス「フランスとドイツにおける農民問題」一八九四年）。「大共同社会」や「大きな全国的生産協同組合」の諸部門という表現は一国規模での「一大生産協同組合」を示唆する。[21]

C　同時代人が捉えたマルクスとエンゲルスの社会主義像

さらに議論を深める前に、われわれは次に、マルクスとエンゲルスの同時代人が、以上のようなメッセージにもとづき捉えた彼ら両者の社会主義像を手短に振り返っておくことにする。

まずは相対立する立場にあるバクーニンである。彼は次のような批判を展開している。『科学的社会主義』という言葉それ自身が示しているように、えせ人民国家は、本物や偽物の学識者という新しいごく少数の貴族階級による、人民大衆に対するきわめて専制的な統治に他ならない。人民は学識がない、つまりそれは、人民が統治の心配からまるごと解放されること、被統治者の畜群にまるごと入れられることを意味する。すばらしい解放だ！」[22]。「学識者の統治」という批判に対してマルクスは「何たる妄想だ！」と言うに留まっている。[23]別の著作ではバクーニンはさらにマルクスの「人民国家の政府」について次のように述べている。「この政府は、今日すべての政府がしているように、大衆を政治的に統治し管理することだけで満足せずに、富の生産と正しい配分、土地の耕作、工場の建設と発展、流通の組織と指導、そして最後に唯一の銀行たる国家による生産への資本の適用までもその手に集中して、大衆を経済的にも管理するであろう。……それは科学的知性による統治であろう。そしてこれこそはあらゆる体制の中でも、もっとも貴族主義的で、もっとも専制的で、もっとも横柄で、もっとも人を見下したものであろう[24]」。バクーニンのこうした批判がマルクスの社会主義像を「一国一工場」体制とする理解にもとづくものであることは言を待たないであろう。

次はカウツキーの場合である。彼は『エアフルト綱領解説』（一八九二年[25]）において「個別の資本主義的企業を協同組合的企業に転換する」こと、加えるにまた「諸欲求の充足に必要なすべての経営を唯一の一大協同組合 große Genossenschaft に統括する」ことを求めている。彼はさらに次のようにも述べている。「労働者階級は政治権力を奪取し、その助けを借りて国家を本質的に自足的な一大経済協同組合に転換する……」。ここで語られている社会主義像が「一国一工場」体制であることに疑問の余地はない。三〇年後にカウツキーはこうした体制を「監獄あるいは兵営」のごとき野蛮なものとして批判するに至るが[26]、エンゲルスの存命中に、しかも彼と親交のあったカウツキーが社会主義をそうした体制として構想する著書を出版した意味には重いものがあると言わねばならない。

4 「一国一工場」構想の根源＝市場廃止の計画経済思想

A 計画経済の諸方式と一国一工場体制

マルクスやエンゲルスのテクストには、多かれ少なかれ「一国一工場」体制を示唆したものはあるにせよ、しかしそれを明言したものはなく、この体制を直接に論証できる典拠となるものもまた存在しないことは先に述べたとおりである。とはいえ、このことは彼らが「一国一工場」体制を全く構想していなかったことを示すものではなく、ましてや間接的な論証の可能性までも否定するものでは決してない。事実セルツキーはそうした論証を行っている。(27) 市場廃止の計画経済という前提から、(28) 間接的ではあれ、「一国一工場」体制を導出することは十分可能であると考えられる。セルツキーの仕方とは異なり、われわれは計画経済の諸方式の吟味を通じてそうした論証を試みることにする。(29)

計画経済の方式についてマルクスやエンゲルスは特に何も語ってはいないが、存在しうるのは次の三つである。

①集権的計画経済方式

この方式は、中央の計画機関が一国のすべての生産計画を策定し、その遂行を各生産単位に指示するものである。すでに「指令型経済」として歴史的に経験済みのものであり、言うまでもなく「一国一工場」体制に帰着する。

②分権的計画経済方式

これはまず産業部門別に各生産単位が計画を持ち寄り、協議によってその部門の計画を策定し、しかる後に産業部門相互間の協議により一国全体の生産計画を決定するものである。下から上への積み上げ方式による計画経済である。次節で再説する。

③混合的計画経済方式

これは①と②の方式が混合した中間的形態であり、集権的要素と分権的要素の優劣に従い、それ自身次の三つに区別される。

ⓐ集権的要素が優勢なもの

この場合には、需要に応じた一国全体や各産業部門全体のマクロ的生産計画は集権的に作成されることになるので、分権的要素として残るのは大枠の中での割当量や細目に関する協議だけである。これは①と本質的に異なるものではなく、同様に「一国一工場」体制に帰着する。

ⓑ分権的要素が優勢なもの

これは②とほぼ同一である。ギルド社会主義やユーゴの協議経済体制（連合労働体制）がこれに当たる。(30)

ⓒ両者の中間的なもの

これは、独占的トラストを形成する各産業部門がそれぞれの中央機関によって独自に各部門の計画を作成し、さらに部門相互間の協議によって一国全体の計画を策定するものである。この場合には差し当たり集権的な部門独占体＝一部門一工場から成る「一国多工場」体制をとることになるが、計画の一元化に伴い遅かれ早かれ必然的に「一国一工場」体制に転化することが予想される。

B 「分権的」計画経済の場合

以上の吟味により、分権的計画経済方式ならびに分権的要素が優勢な混合的計画経済方式を除き、他のものはすべて「一国一工場」体制に帰着する傾向を持つことが明らかになった。残るのはこれら両者の場合であるが、結論から言えば、これらの方式もまた、いわば機能的な「一国一工場」を経て、遅かれ早かれ体制的な「一国一工場」に転化し帰着する公算がきわめて濃厚である。これらの方式はきわめて煩雑であり、その実現可能性には大いに疑問があるが、この点はともかく、約言すれば次のとおりである。

それらの方式は計画の策定過程では確かに多元的であり、それ故また分権的であるとも言える。だがしかし、いったん計画が決まれば、文字通り一つの計画にもとづいて全国規模で生産が行われるわけであるから、生産の遂行過程ではそれらの方式といえども正に一元化され、集権的にならざるをえない。それ故、①全体は一つの工場（一国一工場）として機能することになる、②「一国一工場」として機能するからには、協議立案のための機関に加え、計画を達成するために全体を調和的に運営する一大経営管理機関も不可欠になる、③計画経済が継続的に実施される限り、かくして一国一工場としての「機能」ならびに一大経営管理機関の存在も永続化する、④各産業部門は所属する諸企業の一種のカルテル組織として当初は出発するにしても、計画経済の反復履行により、カルテルは容易にトラストに発展するので、いずれ各部門は一大独占企業に転化する蓋然性がきわめて高いことになる。それ以後は、先に混合的計画経済方式の第三の形態について述べたのと同一の過程が進行し、一部門一工場から成る「一国多工場」体制は「一国一工場」体制へと転化する。

こうした転化を防止する諸方策も考えられないわけではない。しかしそうした諸方策はいずれも市場経済が同時に並行して存在することを要請するものである。例えばカルテルのトラスト化の禁止であるが、言うまでもなくカルテルは市場を前提したものである。また計画遂行のための一大経営管理機関を不要にするには、計画を指令ではなく、あくまでも純然たる協定の地位に留め、計画の達成を原則として各企業に委ねれば済むわけである。無論その場合には各企業は自らの判断で生産手段を調達し製品をさばかねばならないので、やはり市場が絶対に不可欠になる。

かくして全面的な計画経済体制は存立不可能となり、それは市場と計画が相互補完的に共存する「混合経済」体制に席を譲ることになる。

C　マルクス、エンゲルスによる是認的「黙示」の根源

以上のように、いずれの計画経済方式をとるにしても、市場を全廃した計画経済体制は、結果として、中央集権的な「一国一工場」体制に帰着すると考えられる。市場の廃止を掲げる限り、明言こそしなかったとはいえ、マルクスとエンゲルスが社会主義を「一国一工場」体制として構想し、これを「黙示」したと言えるゆえんである。唯物史観からすれば、言うまでもなくこの中央集権的な経済体制が不可避的に社会の土台を形成する。土台が上部構造を基本的には規定するとする限り、土台は中央集権的なのに、土台の上に立つ上部構造はそれとは全く異なり、分権的で民主的であるというのはいかにもキマイラ的〔奇怪至極〕であり、この場合はどう見ても土台と上部構造の間には両立しがたい明白な矛盾が存在すると言わねばならない。プルードンの『貧困の哲学』を批判した際に、「一国一工場」体制がはらむ諸問題と対決し、それについて熟慮する機会がマルクスには与えられたはずであるが、にもかかわらず彼はこの問題に立ち入るのを回避したことは先に述べたとおりである。「ルイ・ブランは必然的に独占に至り、少なくとも生産に関する限り、意に反してサン・シモン主義の理論に逆戻りする」とする言葉（J・ガルニエ）を引用

した後で、プルードンは「無政府的競争に異議を唱える」社会主義者の改革案について次のようにさえ述べている。「われわれはいたる所、すなわち世に現れたユートピアの中で恣意的な制御に委ねられた価値の限定と社会化に出会い、それに、すべての改革が、ある時には位階（階層）的な同職組合に、ある時には国家独占に、あるいは共同体によるデスポティズムに終わるのに出会う……」(31)。

われわれの観点からすれば、「一国一工場」体制との関連でマルクスとエンゲルスが直面した問題とは、正にここに出てくる共同体によるデスポティズム（専制主義）のことに他ならない。彼らは確かに、『資本主義的生産に先行する諸形態』や『資本論』、『反デューリング論』など各所で、東洋のデスポティズムについて少なからず言及してはいる。だがしかし結局のところこの問題は、彼らの社会主義構想に反照しその抜本的再検討を促すまでには至らなかったわけである。その結果、彼らの社会主義構想はデスポティズムへの変質に対し全くと言ってもいいほど無防備な状態にあると言うことができる。先に見たバクーニンの批判は正にこの点を鋭く突いたものであることは言を待たない。デスポティズム化をはらむそうした構想が打ち出され、しかもそれが保持され続けた理由を列挙すれば次のようになる。

①共同体的所有を所有形態とする「分業にもとづく」階級社会であるアジア型国家の理論が、彼らにおいては不十分な展開にとどまったこと。

②そのため、私的所有の揚棄と共同所有を、階級の揚棄と「政治的」国家の死滅の条件として過大に評価するヨーロッパ中心主義に陥ったこと。

③階級国家死滅論にもとづき、国有を短期的なものと見なしていたこと。共同所有＝社会的所有という立場からすれば、階級国家の死滅に伴い国有は社会的所有となるのだから、彼らにとって「差し当たり国有」にすることはいわば当然のステップである。

④国家を「政治的」国家とする階級国家論的視点から、彼らは新たに実現される一大共同体＝協同体を非政治的国家と規定することには活動の最終段階に至るまで消極的であり、かくしてこの一大共同体による共同所有は国有とは区別され、社会的所有とされることによっていま一つ曖昧な点を残したこと。「共産主義社会の将来の国家制度」（『ゴータ綱領批判』）というマルクスの言葉が非階級的な非政治的国家の存在を容認するものとすれば、共同所有概念のそうした曖昧さは消えて無くなる。かくして、共同所有＝社会的所有とは非政治的国家による国有であるとするレーニンの解釈が生ずることになる。

⑤いわゆる「オーケストラ・モデル」（『資本論』MEW 23, S.350）に見られるように、ミクロ・コスモスとマクロ・コスモスを混同したこと。

5　もう一つの社会主義：利潤分配制の市場的連合社会

A　社会主義と市場の両立性

これまでの議論からすれば、スターリン主義の克服は一国一工場構想の、従ってまたその根源である市場廃止の計画経済思想の否定ならびにそれらとの訣別なしにはありえないことになる。それ故、この点を曖昧にした一切のスターリン主義批判はそれ自身の内にいまだスターリン主義を蔵しており、その限り批判としては限界を持っており、おのずと不徹底なものに留まらざるをえないであろう。ちなみに言えば、社会主義という言葉を社会 societas を軸にして理解する従来の理解の仕方も改められねばならないであろう。というのも、この言葉はサン・シモン派のP・ルルーが「個人主義に対抗するために作った」とされるが、個人主義に対抗する社会主義という図式には個人に対し社会を優位に置き、社会主義を位階（階層）制的な「一国一工場」体制とするサン・シモン派の立場が看取されるからである。社会主義は何よりも組合員 socius と彼らの連合 association をこそ軸にして理解されるべきものである。

さて、市場廃止の計画経済思想を否定するとなれば、社会主義は市場を前提とせざるをえない。社会主義を市場廃止の計画経済と同一視する通念からすれば、もはや社会主義は不可能であることなるが、しかし行政的諸制度によって抑制された市場にもとづく社会主義をプルードンが唱えていたことはすでに述べたとおりであり、J・S・ミルやアトリエ派もまた同様の構想を掲げていたことは周知のことである。ミルは利潤分配制にもとづく「労働者と資本家の組合 association」と「労働者同士の組合」による「雇用関係廃棄」のプログラムを提示した上で、利潤分配制のアソシエーション構想に関連して次のように述べている。「産業活動が改善の進展につれて採ろうとしている形態の構想〔アソシエーション〕に関しては、私は社会主義の著述家たちと同じ見解である」。しかし彼は「競争に反対する彼らの長広舌」には全く否定的である。ミルは「一つの中央当局、すなわち総政府によるその国のすべての生産資源の経営管理」という革命的社会主義者の計画を批判し、次のように語っている。「あまりにも明らかにキマイラ的であるため、誰もそれが実行されるべき何らかの方式をあえて提案しないのである(32)」。

B　連合的生産様式への転換

利潤分配制にもとづく労働者の生産組合（連合組合ならびに協同組合(33)）を「階級対立にもとづく現在の社会を改造する諸力の一つ」としてマルクスもまた重視しており、加えるに彼は「資本主義的株式企業も、協同組合工場と同じく、資本主義的生産様式から連合的生産様式への過渡形態と見なされることができる」とも述べている(34)。すなわち彼は、労働者の既存の生産組合の発展に加え、資本主義的株式会社を利潤分配制の連合的株式会社（連合組合および協同組合）に転換するという仕方で資本主義から社会主義への転化を構想している。この転化の過渡期においては彼もまた、補完的計画を伴うにせよ、市場にもとづく経済を予想しており、したがって過渡期の社会は市場と計画の併存する利潤分配制のアソシエーション体制であることになる。

マルクスはこの過渡期社会の基軸を成す協同組合の在り方について言及し、以下の四点を挙げている。①生産者による自主的な経営管理、②従業員持株制、③利潤分配制（持株とは無関係）、④株主には低率の利子の支払い[35]。資本主義においては株主や経営者層が彼らの間で利潤の分配を行うわけであるが、個々人による利潤のそうした分け取り、すなわち利潤の個々人による共占有Mitbesitz（民法で言う「共同占有」①に当たる）の場から他の生産者たちは同等の資格を持った者としては排除されている。従って持株とは無関係な**利潤分配**（個々人的共占有）制は、従来は単なる占有補助者でしかなかった者を同等な占有者へと格上げし、それに伴い、労働力商品にもとづく賃金労働制およびブルジョア的私的所有の現実的な揚棄をもたらすことになる[36]。加えるに、生産者による自主的経営、すなわち労働手段の生産者集団による**共同占有**Gemeinbesitz（民法で言う「共同占有」②に当たり、共同体的占有はその一つ）は、利潤分配によって個々の生産者に対し株式の所有を可能にする。かくしてまた、生産者のそうした株式の持分から成る個々人による共同所有＝**連合的所有**（「合有」ならびに民法で言う「共有」）も実現される運びとなる。ちなみに、『資本論』（第一巻第24章7節）における Gemeinbesitz（集団による共同占有）は[37]、先に述べた第一、第二の「大きな謎」と同様に後期マルクス思想の大きな謎であり、他方、この共同占有によって再建されるはずの個人的所有もそれに劣らず大きな謎を成しており、これらについては第三章、第四章で詳論する。

市場にもとづく多くの協同組合から成る社会＝多元的連合社会は、マルクスの場合には市場を廃止した共産主義に至るまでのあくまでも短期的で過渡的な体制にすぎなかった。だがしかし、スターリン主義体制という悲惨な総体的奴隷制を経験したわれわれにとって、市場廃止の計画経済への道はもはや閉ざされている。市場にもとづく利潤分配制の連合社会に二一世紀の社会主義の活路を求めるべきゆえんである。

〈注〉

（1） allgemeine Sklaverei の訳。『資本主義的生産に先行する諸形態』（以後『諸形態』と略）MEW 42, S.403. 国民文庫四四頁。

『諸形態』（一八五七 - 八年）には「総体的奴隷制」という規定に先行して次のような一文がある。「この形態〔土地所有のアジア的形態〕では個別人は決して所有者とは成らず、ただ占有者と成るにすぎないから、結局、彼自身が、共同体の統一を具現する者の所有物 Eigentum、奴隷である」（ibid.,S.401. 国民文庫四〇頁）。

「総体的奴隷制」という言葉は、ジョーンズ『地代論』（邦訳名）に直接依拠したものと見られる。マルクスは一八五一年これを読み、ノートをとっている。ジョーンズは次のように述べている。「主権者（君主）の土地所有権と、彼が生産物に対して持っている大きなそして事実上無限の利害関係とは、土地の上に真に独立する人々が形成されるのを妨げている」。「身分の高い人も低い人も……文字どおり自らの生存手段に関して全く君主の御意に従属しており、その奴隷である」。かくして、市民、兵士、文官、小農といった、主権者を除くすべての階級をジョーンズは奴隷と見なしており、正に「総体」が奴隷であることになる。ジョーンズは「主権者への従属」という観点から「奴隷」と見なしているので、マルクスは「総体的奴隷制」と言う代わりに「政治的従属関係」という言い方を後段では用いている。『地代論』（鈴木鴻一郎訳、岩波文庫）（上）二〇五頁、一七八頁。拙著『デスポティズムとアソシアシオン構想』（世界書院）第3章3節で詳論。

「アジアでは国家（君主）が土地所有者である」という「国家的土地所有」論の立場をマルクスは一八八〇年頃には放棄し、「共同体的土地所有」論の立場をとるに至る。それに伴い、総体的奴隷制論も論拠を失うことになる。前掲拙著、第4章「専制国家の生産様式について」一〇六頁。

(2)　R・バーロ『社会主義の新たな展望』I（岩波書店）、一〇三頁、一〇八頁。

(3)　サン・シモン派の唱えるアソシアシオンは中央集権的で位階（階層）制的な国有・国営計画経済体制であり、レーニンの「一事務所・一工場」体制と本質的に同じである。『サン・シモン主義宣言』（野地洋行訳、木鐸社）九七頁、一三一頁、一三五頁。

（4）レーニン「ロシア共産党（ボ）綱領草案」、「差し迫る破局、それとどう闘うか」、『国家と革命』（『レーニン全集』第二九巻二八頁、第二五巻三八五頁、五〇五頁）。彼は最晩年に「協同組合について」という小論で協同組合を再評価し、国有・国営の国家独占的構想とは異なる構想を提示するに至る。拙著、第8章2節で論及。

（5）広西元信『左翼を説得する法』（全貌社）一一頁。

（6）マルクス『資本論』第三巻、MEW 25, S.799

（7）エンゲルス『ユートピアから科学へ』MEW 19, S.228

（8）同前「一八九一年の社会民主党綱領草案の批判」MEW 22, S.232

（9）マルクス『ゴータ綱領批判』MEW 19, S.18-22,26. MEW 全集版の英訳では Genossenschaft は co-operative とされている。他方、仏訳では collectivité,communauté が用いられており、国家補助により設立される生産 Genossenschaften の個所は sociétés de production とされている。

広西元信は Genossenschaft の「各国版の訳語比較」をいち早く行っており、それは彼のミニコミ誌『雑学回報』（平成九年一〇月二八日）に「別紙・資料」として添付されている。

外来語の Assoziation がドイツ語の Genossenschaft に置き換えられるようになったのは一八五九年以来のことで、シュルツエ・デーリチュの提案による（『シュルツエの庶民銀行論』日本経済評論社、一六二頁）。『フランスにおける内乱』のドイツ語版（一八七一年）を出す際に、エンゲルスは co-operative の訳語として初めて genossenschaftlich を用いている。従って Genossenschaft には協同組合と連合組合が含まれる。彼はその後、中世のマルク団体やツンフトなどをもGenossenschaftと呼んでいる（『マルク』一八八二年、MEW 19, S.318,323）。生産組合（会社）としての連合組合とは利潤分配制の会社一般のことである。その限りでは協同組合も連合組合の一つであるが、株式の持分の多寡にかかわらず、組合員が労働に応じて分配を受ける点に協同組合の顕著な特性がある。

⑽　同前、MEW 19, S.20

⑾　ゲノッセンシャフトは普通の協同組合とは異なるので、広西は「仲間組合」という訳語を提唱している（『資本論の誤訳』こぶし書房、一一〇頁）。しかしマルクスは、上記のような差異にもかかわらず、来るべき社会を協同組合的性格の社会と構想していたので、この構想を明確にするため、従来訳を踏襲する。

⑿　エンゲルス『空想から科学への社会主義の発展』MEW 19, S.223

⒀　マルクス『ゴータ綱領批判』MEW 19, S.28

⒁　エンゲルス『反デューリング論』MEW 20, S.166

⒂　佐藤茂行『プルードン研究』（木鐸社）三三七頁、三四九頁。

⒃　プルードン『経済的諸矛盾の体系』Systèm des Contradictions Economiques ou Philosophie de la Misère（C.Bouglè et H.Moysset）, p.241f.

⒄　ibid.,p.212. ちなみに社会主義経済計算論争はミーゼスの次のテーゼに始まる。「自由市場がなければ価格形成は存在しない。価格形成がなければ、経済計算は存在しない」。

⒅　ibid.,p.248

(19) ibid.,p.239
(20) ibid.,p.292
(21) ① MEW 16, S.195 ②、③ MEGA Ⅱ /7, p.59,306 ④ MEW 19, S.19 ⑥ MEW 22, S.500,503
(22) バクーニン「国家制と無政府」(『バクーニン著作集』6、白水社)二五四頁。
(23) マルクス「バクーニンの著作『国家制と無政府』摘要」MEW 18, S.636
(24) バクーニン「鞭のゲルマン帝国と社会革命」(『バクーニン著作集』3、白水社)四〇九頁。
(25)『世界の大思想全集』第一四巻所収(河出書房、一九五五年)。
(26) カウツキー『無産階級革命とその綱領』(金星堂出版、一九二七年)四二四頁。
(27) セルツキー『社会主義の民主的再生』(青木書店)一五頁、一八頁。
彼によれば、市場を廃止するためには、市場の前提条件である「社会的分業、〔資源や財の〕希少性および生産者の自律性のうちの一部を廃止することが必要である」が、社会的分業と希少性は見通しうる将来において廃絶できないので、「生産者の自律性を廃止することが必要になる」。そのために構想されたのが「企業管理の型を国民経済全体に適用する」ことであり、かくして「一国一工場構想」が帰結すると彼は論証する。前掲拙著、第10章第4節で紹介。
(28) マルクス『ゴータ綱領批判』MEW 19. S.19-20.
(29) 以下の論証は、拙著、第10章第4節、第11章第1節で詳論。
(30)「ギルド社会主義」の分権的方式については拙著、第11章第3節で詳論。ユーゴについては次の文献に詳しい分析が見られる。安部望「ユーゴスラヴィアの計画化システム」(『アジア経

済』第二二巻第七号)、岩田昌征『現代社会主義の新地平』(日本評論社)一四四頁。
(31) プルードン『経済的諸矛盾の体系』ibid., p.246, 248
(32) J・S・ミル『経済学原理』CW Ⅲ , p.794,『社会主義に関する諸章』CW V,p.737, 748
(33) 注(9)参照。
(34) マルクス「暫定中央評議会派遣員への指示」MEW 16, S.195,『資本論』MEW 25, S.453. マルクスは「資本主義」という用語を用いておらず、「資本制」と訳すべきだとの説もあるが(重田澄男)、他の著者からの引用文などとの用語の統一を図るため、ここでは従来訳に従うことにする。
(35) 同前。
(36) 広西元信「マルクス『所有』概念の現代的訳注」(『経済評論』一九八七年二月号)一四頁。『資本論の誤訳』(こぶし書房、二〇〇二年、「解説」:国分。初版は青友社一九六六年)一一四頁。広西は Mitbesitz を持分の伴わない「共用占有」とし、Gemeinbesitz を持分のある「共通占有」としているが、これはマルクス解釈としては誤りである。第三章2B「共同所有の社会主義的形態」で詳論。
本書では民法の共同占有①を「共占有」Mitbesitz と訳し、集団的な共同占有②を端的に「共同占有」Gemeinbesitz として両者を区別する。「共占有」という訳語は Miteigentum を「共有」とする民法に倣ったものである。
(37) マルクス『資本論』MEW 23, S.791

第二章

国家の死滅と「非政治的」国家の問題

はじめに――従来の国家死滅論の死角――

「階級の消滅と共に国家も不可避的に消滅する」という「国家死滅（消滅）のテーゼ」はマルクス主義の国家論の枢要なテーゼの一つである。にもかかわらずこのテーゼには曖昧さが付きまとっている。資本主義から社会主義（共産主義の第一段階）への過渡期には階級と階級対立がなお存続するのだから、その間は、階級を揚棄し「国家の死滅」を準備する「プロレタリアートの革命的独裁」と呼ばれる「過渡的な国家」がなお存続すること、それはこのテーゼからも当然のこととして諒解されよう。他方、過渡期に続く社会主義段階では階級はもはや死滅しているのだから、そこでは国家もまた死滅するのが理の当然であり、そのためには何らの論証も必要としないように思われる。ところがマルクスの晩年の文献には「共産主義社会の将来の国家制度」という言葉が見いだされ、加えるにレーニンもまた、社会主義段階における「階級のない国家」の存在とその必要性を力説しているような次第である。「社会主義国家」なるものを捏造したのはスターリンであるとされるが、文献に即して見る限り、スターリンはむしろレーニンに忠実であると言うべきであろう。

国家死滅のテーゼに付きまとう上記のような曖昧さは、これまで多くの人々を困惑させ、少なからぬ理論的混乱をマルクス主義国家論にもたらし今日に及んでいる。こうした曖昧さとそれに由来する混乱は一体何に起因するのであろうか？　マルクスやレーニンに即するとき、われわれは問題の解決をどこに見いだすべきであろうか？　結論を先に言えば、それは政治的国家と非政治的国家を明確に区別する点にこそ求められるべきであり、こうした区別が従来は不明確であった点に曖昧さは起因すると見なすことができる。こうした区別に立つとき、階級のない社会主義社会において死滅するとされるのは**政治的国家**であり、そこにもなお存続するとされるのは**非政治的国家**であることになる。だがしかし、スターリン主義体制の崩壊という事態は、われわれにこのような単なる区別立てに安んずることをもはや許さない。さらにもう一歩踏み込んで、非政治的国家＝「階級のない国家」の帰趨についても見極めねばならない次第である。

古代アジアの「専制国家」に先行する太古のアジアの国家＝「古アジア的国家」の形成・成立に関する視点から見るとき、従来の国家死滅論には決定的な死角があり、大きな陥穽が伏在していたことが明らかになる。

1　「国家の死滅」と「共産主義社会の国家制度」という一見矛盾した主張

国家死滅のテーゼの前提にあるのは、「社会の階級への分裂によって、国家は必然事となった」

とするもう一つのテーゼである。エンゲルスによれば次のとおりである。「社会の階級への分裂を必然的に伴う経済的発展の一定の段階において、この分裂によって国家は一つの必然事となった。……これらの階級は、以前それらが不可避的に発生したのと同様に、不可避的に消滅する fallen であろう。階級の消滅と共に国家も不可避的に消滅する」(1)。換言すれば、階級と階級対立が存続する限り、国家もまた必然的に存続することになる。資本主義から社会主義への過渡期の間にプロレタリアートの国家が存続するのも同様の理由による。

ところがマルクスは、共産主義社会について言及した際に、「共産主義社会の将来の国家制度」という、読者を当惑させるような言い方をしており、次のようにも述べている。「次に問題になるのは、国家制度は共産主義社会においてはどんな転化を被るかということである。換言すれば、そこでは今日の国家機能に似たどんな社会的機能が残るかということである」(2)。ここで言うところの共産主義社会は低次・高次の両段階を含む広義のものであるが、たとえ低次の段階であれ、そこでは階級と階級対立はすでに共に消滅しているはずであり、その限りそれは過渡期社会とは峻別されるのは無論である。にもかかわらずそこにもなお国家制度が、端的にいえば、国家があるとはどういうことなのであろうか?

こうした文献上の齟齬ないし矛盾はレーニンの国家論にも反映している。レーニンは一方では国家を階級対立の非和解性の所産として捉え、それは「階級支配の機関であり、一階級が他の階級を抑圧する機関」であるとする。こうした文脈において彼は、プロレタリアート独裁について次のように述べている。「このプロレタリア国家は、勝利するや否やただちに死滅し始める。なぜなら階級対立のない社会では、国家は必要ではなく、またありえないからである[3]」。しかし他方では、共産主義の低次段階（社会主義社会）について彼は次のように言っている。「資本家はもはやいない、階級はもはやなく、したがってまた、どの階級を抑圧することもできないという限りでは、国家は死滅する。しかし国家はまだ完全に死滅したのではない。なぜなら事実上の不平等を是認する『ブルジョア的権利』が依然として保護されているからである。国家が完全に死滅するためには、完全な共産主義が必要である[4]」。このように一方では「階級対立のない社会では国家はありえない」と主張しながら、他方では「階級はもはや存在しないが、しかし国家は存続する」と言うのだから、形式論理的に言えばこれは明白な矛盾である。

レーニンはこの「階級のない国家」を、プロレタリアート独裁国家と同様に、「死滅しつつある国家」とか「半国家」とも呼んでいるが、存続する「ブルジョア的権利」との関連では「ブルジョアジーなきブルジョア国家」とも呼んでいる。社会主義社会に存続する「ブルジョア的権利」についてマルクスは次のように述べている。「個別の生産者は、彼が社会に与えたのと正確に同じだけのものを――控除を行ったうえで――返してもらう。彼が社会に与えたものは、彼の個人的労働量である。例えば、社会的労働日は個々人の労働時間の総和から成る。個別生産者の個人的労働時間は、社会的労働日の内の彼の給付部分、すなわち社会的労働日の内の彼の持分である。……個人的消費手段が個別の生産者の間に分配されるときには、商品等価物の交換の時と同じ原則が支配し、ある形態の労働が、他の形態の等量の労働と交換されるのである。それ故、平等な権利は、ここではまだやはり――原則からすれば――ブルジョア的権利である」[5]。

等量労働交換の原則に従う個別の生産者たちの消費手段に対する権利は、彼らの「〔時間を尺度とする〕労働給付に比例」し、その限りそれは確かに平等な権利であると言える。他方ではしかし、この平等な権利も事実上は不平等な権利である。というのも、一つには、「ある者は、肉体的または精神的に他の者にまさっているので、同じ時間内により多くの労働を給付することができる」という具合に、個々人の間には「不平等な出来高能力 Leistungsfähigkeit」が認められるにもかかわらず、この権利は時間をもっぱら労働給付の尺度とするからである[6]。それ故レーニンは「ブルジョア的権利」を、「不平等な人間の不平等な（事実上不平等な）量の労働に対して、等しい量の生産物を与える」ものとして規定する[7]。またもう一つには、「労働の出来高」は平等だったとしても、家族構成の差異などにより、一人当たりの消費手段の量に多寡が生ずるからである。「不平等を是認する『ブルジョア的権利』」という先の一句は、正にこうした事態を指すものである。こうした叙述を踏まえ、レーニンは次のように言う。「消費手段の分配についてのブルジョア的権利は、もちろん、不可避的に、ブルジョア国家の存在をも予想する。なぜなら権利というものは、権利の基準の順守を強制できる機関なしには、ないも同然だからである。そこで共産主義のもとでは、ある期間ブルジョア的権利が残っているばかりでなく、ブルジョアジーなきブルジョア国家さえ残っていることになる」(8)。

低次の共産主義（社会主義）段階になお存続するとされる「階級のない国家」を「死滅しつつある国家」ないしは「半国家」とするレーニンの規定は、国家死滅のテーゼと「共産主義社会の将来の国家制度」というマルクスの文言とを整合的に理解しようとする彼なりの解釈と見ることができよう。レーニンは「将来の『死滅』の時点を決定するなどということが問題になりえないことは明らかである」(9)と言いながら、「階級のない国家」の死滅について力説してやまない。だがしかし、先のマルクスの文言から判断する限り、「将来の国家制度」とは「転化を被った国家制度」すなわち「国家機能に似た社会的機能」のことであり、したがってそれは「死滅しつつある」というよりはむしろ永続的な性質のものであるように思われる。

この問題については後にまた触れることにして、次にトロツキーについても手短に言及することにしよう。彼は『国家と革命』から一九年経過した時点において『裏切られた革命』を著したわけであるが、「ブルジョアジーなきブルジョア国家」の存続という限りでは、彼もそこにおいてレーニンの考えを基本的に継承している。だがしかし、そうした国家の存続根拠とされる消費手段の分配方式に関しては、少なからぬ期間にわたるソヴェト国家の経験が介在するためか、レーニンとトロツキーの間には顕著な差異が認められる。
トロツキーはまず次のように言う。「国家が消滅するためには、『階級支配と個人の生存闘争』が消滅しなければならない。……しかし問題は、生産手段の社会化によって自動的に『個人の生存闘争』がなくなるものではないという点にある。ここに問題の核心があるのだ！　社会主義国家は、……各人に必要なだけのものをすぐに提供することができないであろうし、それ故にできるだけ多く生産するように各人に刺激を与えざるをえないであろう。こうした諸条件のもとでは督励者としての任務は当然国家が引き受けることになるし、国家としては、……資本主義が編み出した労働報酬の方法に頼らざるをえないことになる」[10]。

これはエンゲルスの次のような主張を受けたものである。「抑圧しておかねばならない社会階級がもはや存在しなくなったその時から、階級支配や、これまでの生産の無政府状態にもとづく個人の生存闘争と共に、それらのものから生ずる衝突や暴力沙汰もまた取り除かれたその時から、特殊な抑圧力である国家を必要としたような、抑圧すべきものはもはや何もなくなる」[11]。このようにトロツキーは、生産の無政府状態はなくなっても、「労働に応じた分配」という制約を受ける社会主義段階では希少な消費手段をめぐる個人の生存闘争はなお存続するのだから、その限り国家もまた存続するとする立場に立つ。つまり国家存続の根拠を彼は個人の生存闘争の存続という点に置くわけである。彼はさらに進んで「労働報酬の方法」についても言及している。彼によればこの方法とは「労働賃金というおなじみの基準、すなわち個人の労働の量と質に依存した生活用品の分配[12]」の方法のことである。彼は次のようにも言っている。「共産主義の低次の段階にあっては、労働の報酬はまだブルジョア的基準によって、すなわち熟練、集中度等々のいかんによって定められる[13]」。

このような次第であるから、消費手段の分配基準に関しては両者の間には大きな差異が認められることになる。すなわちレーニンの場合のブルジョア的権利、時間を尺度とした等量労働交換の権利に当たるものが、トロツキーの場合には労賃というブルジョア的基準になっている。彼が「ブルジョアジーなきブルジョア国家」というレーニンの呼称に同調するのも、社会主義段階では ブルジョア的な分配基準になお頼らざるをえないと考えるからである。レーニンにおいては「ブルジョア的権利」は、「不平等な人間の不平等な（事実上不平等な）量の労働に対して、等しい量の生産物を与える」が故に、事実上は不平等な権利であった。他方これに対しトロツキーの場合には、消費手段に対する個別生産者の権利はすでに不平等な権利として、この文章に仮託して言えば、「不平等な人間の不平等な（事実上不平等な）量の労働に対して、それ相応の不平等な量の生産物を与える」ものとして存在するわけである。レーニンの場合の「ブルジョア的権利」においては各個人の「出来高能力」つまり労働能率が考慮されないので、いわば悪平等が生ずるのに対し、トロツキーの場合の「ブルジョア的基準」においては、労働の量と質に分配を依存させる限り、この出来高能力が考慮され、そのような弊害はそれなりに免れている。

彼は「ブルジョアジーなきブルジョア国家」という文言の入った一節をレーニンから引用し、次のように述べている。「社会の社会主義的変革という任務をみずからに課している国家が、強制の方法によって不平等を、すなわち少数者の物質的特権を守らざるをえない限り、それだけそうした国家は、たとえブルジョアジーが存在しなくても、依然としてある程度まで『ブルジョア的』国家として留まることになる」[14]。ここで言うところの「不平等」とは、「少数者の物質的特権」と同義とされていることからも分かるように、それは「熟練や労働の強度（集中度）」などによる出来高能力を考慮した「ブルジョア的基準」にもとづく分配の不平等を意味し、したがってまたそれを守るための強制も、レーニンの言う「ブルジョア的権利の基準の順守」の強制とは異質なものである。こうした不平等な権利を守ることは、不平等な出来高能力を特権として持っている「少数者の物質的特権」を守ることになるというのがトロツキーの主旨である。

彼はさらに次のように述べている。「［ソヴェト］国家が死滅するどころか、ますます専制的になって行きつつあるとしても、また労働者階級の代表が官僚化し、一方、一新された社会を官僚層が上から支配しつつあるとしても、それは……真の平等を保障する可能性がない間は特権的少数者を作り出し、支えざるをえないという鉄の必然性のせいなのである」[15]。このようにトロツキーはブルジョア的基準にもとづく分配の強制的励行の必然性を、低レヴェルの生産力と共に、ソヴェトの労働者国家の官僚化の存在根拠にもしている。ちなみに、労賃が消費手段の分配の方法として適用される限り、社会主義段階では貨幣もやはり存続することになる。この段階でも貨幣の漸次的死滅が開始するとはいえ、それが文字通り死滅するのは、国家と同様に、高次の共産主義社会でのことになる。(16)

2　「ブルジョアジーなきブルジョア国家の存続」というレーニンの主張

過渡期におけるプロレタリアートの革命的独裁国家は、それ自身すでに「死滅しつつある国家」＝「半国家」だったのだから、それが死滅した暁には国家は存在しなくなるというのであれば、論理は首尾一貫したものとなり、理路整然として極めて理解しやすい。ところが、プロレタリアート独裁国家が死滅した社会主義段階においてもなお、さらに「ブルジョアジーなきブルジョア国家」という「階級のない国家」が、しかも同様に「死滅しつつある国家」として存続すると言うのだから、話はややこしくなる。つまるところレーニンは、死滅しつつある国家を①「プロレタリアート独裁国家」と、それに続く②社会主義段階の—ブルジョアジーなきブルジョア国家」の二段階に設定しているわけであり、後者が死滅するのは「完全な共産主義」社会であるとする。

マルクスの言う「共産主義社会の将来の国家制度」を「ブルジョアジーなきブルジョア国家」

とするレーニンの捉え方をめぐっては、様々な批判的見解が提出されている。一つは、「共産主義社会の将来の国家制度」をレーニンはプロレタリアート独裁と同定（同一視）し、二重写しにしており、従って彼はこれら両者を明別しているマルクスを誤読しているとするものである[17]。確かにレーニンの叙述にはそのような混同とも思われる個所があることは否定できない。次のようである。「計算と統制――これが、共産主義社会の第一段階を『調整』するために、これを正しく機能させるために必要とされる主要なものである。ここでは、すべての市民は、武装した労働者である国家に雇われる勤務員に転化する[18]」。

このようにレーニンは「ここ（共産主義の第一段階）では」と言いながら、過渡期の国家を意味する「武装した労働者国家」について語っているわけであるが、しかし、この段落に付した注において彼は次のように言っている。「国家機能の最も主要な部分が、労働者自身によるこのような計算と統制に帰着するようになれば、その時には、国家は『政治的国家』ではなくなる」。政治的国家という表現はこの段落より前の章の本文に既に出ているが、それはエンゲルスの次のような叙述を受けたものである。「すべての社会主義者は、政治的国家が、それと共に政治的権威が、来るべき社会革命の結果消滅するであろうという点で、すなわち公共的機能はその政治的性格を失って、真の社会的利益のために配慮する単純な管理的機能に変化するであろうという点で一致している[19]」。こうした引用を踏まえ、レーニンは次のように述べている。「この後の表現（政治的国家」は、国家の死滅する過程を指示している。死滅しつつある国家は、死滅の一定の段階では、これを非政治的国家と呼ぶことができるのである」[20]。

レーニンが「死滅しつつある国家」を政治的と非政治的の二段階に分けていることはこの一文からも明らかである。この区分に従えば、「政治的国家」段階に相当するのはプロレタリアート独裁国家であり、「非政治的国家」段階に相当するのは「共産主義社会の将来の国家制度」としての「ブルジョアジーなきブルジョア国家」であることになる。レーニンの叙述には確かに混乱したような個所も見られるが、このように捉える限り、彼はこれら二つの国家を決して混同してはいない。

もう一つの批判的見解は、社会主義段階に存続する「国家」を「分配のブルジョア的権利」を規制する「ブルジョアジーなきブルジョア国家」と呼ぶことに関するものであり、そうした呼称は「不正確であるだけでなく間違いである」とするものである。すでに述べたように、レーニンはもっぱらそうした権利の規制の必然性に立脚して社会主義段階における「国家」の存続の不可避性について語っているわけであるが、こうした主張は極めて一面的であると言わねばならない。というのも、マルクスよれば社会主義社会は市場廃止の計画経済を原則とするのだから、そこでは言うまでもなく計画経済に関する諸機関が何よりも不可欠となるからであり、これらの諸機関こそはむしろそうした「国家」の中枢部分を形成すると考えられるからである。主なものを具体的に幾つか列挙すれば、全国的な経済計画を立案する「全国計画局」、提案された計画を審議・決定する「全国代表議会」、決定された産業別の計画の実施を担う「全国産別局」、さらには計画の実施を監督・指導する「全国監督局」などである。もちろんこうした全国局に対応して各地方にはそれぞれ地方局があるわけだから、全体としてそれらは中央と支部から成る幾段にも及ぶ一大ネットワーク機関を形成することになる。したがって次のような批判が生ずるのは極めて当然であると言える。「『分配のブルジョア的権利』を規制するだけでなく『社会的総労働の比例的配分』を目的意識的に実現する経済的機関は、レーニンのように『ブルジョアジーなきブルジョア国家』とよぶべきではないし、またそのように規定されえないのである。……共産主義の第一段階にのこるとされる『国家』は別の新しいカテゴリーによって表現されなければならないであろう」[21]。ちなみに、続いて示されている差し当たりの名称は「セミ国家」である。

「ブルジョアジーなきブルジョア国家」と呼ぶことに対する第三の批判的見解は、それを「マルクスの社会主義概念と国家観に対する修正」とするものである。というのも、マルクスの場合には自由な連合社会 association が果たすことになっていた機能をレーニンは国家に委ねるのだから、そうした連合社会は「レーニンの場合少なくとも共産主義の第一段階ではおよそ問題にならない」からである[22]。だがしかし実態に即して見るならば、自由な連合社会とされるものは、前段で述べたように、計画経済に関する相応な諸機関を備えた社会、すなわち一国を本社・支社から成る一つの巨大な工場（巨大な会社）、一つの巨大な協同組合にした社会、すなわち一国一工場＝一国一協同組合体制の社会に他ならない。市場廃止の計画経済は、分権的、協議的などの計画方式のいかんに関わらず、こうした体制に帰着する。(23)一国の経済活動の全体がこうした一大協同組合の活動として遂行されるのだから、その経営・管理もまた当然その国全体に関わるものである。一国全体の共同の利益に関する案件は、従来からすれば統治機関としての国家の仕事であるが、今や一大協同組合たるアソシエーションがそうした仕事を引き受けるわけである。「共産主義社会における将来の国家制度」というマルクスの言葉は、こうした事態に対する自覚と認識を踏まえたものであると見なされよう。そうだとすれば、「修正」というだけでは済まされないことになる。

3　マルクス、エンゲルスと「非政治的」国家の問題

マルクスとエンゲルスは初期のころから国家を政治的権力として、ないしは政治的性格との関連で常に問題にしてきた。「政治的権力」についてマルクスは次のように述べている。「労働者階級はその発展の過程において、諸階級とそれらの敵対関係とを排除する連合社会 association をもって、古い市民社会に置き代えるであろう。そして、本来の意味での政治権力はもはや存在し

ないであろう。なぜなら、政治権力なるものは、正に市民社会における敵対関係の公式の要約だからである」[24]。同様の主旨のことは二人の共著においても述べられている。「発展が進むにつれて階級の区別が消滅し、すべての生産が連合した諸個人の手に集積されたならば、公的権力は政治的性格を失う。本来の意味の政治権力は、ある階級が他の階級を抑圧するための組織された暴力である」[25]。この部分はプロレタリアート独裁国家に関して記述されたものである。従ってここに出てくる「公的権力」とはこの国家のことであり、それが「政治的性格を失う」とは、階級の消滅に伴いこの国家も消滅し、政治的過渡期に続いて連合社会である新しい社会が出現することを意味する。われわれがここで注目したいのは、「本来の意味の政治権力」という言い方が用いられている点であり、また「公的権力は政治的性格を失う」とされている点である。こうした言い方は「非本来的な意味」の権力、「政治的性格のない」公的権力を、端的に言えば「非政治的」国家を論理的に排除するものではない。

プロレタリアート独裁国家は力ずくで古い生産諸関係を揚棄し、それと共に「階級対立の存在条件、一般に階級の存在条件を、したがってまた階級としてのそれ自身の支配をも揚棄する」とはいえ、こうしたことはあくまでもそれが任務とする諸課題の一半でしかない。「階級と階級対立とを伴う古い市民社会に代わって、各人の自由な発展が万人の自由な発展の条件となるような連合社会が現れる」[26]ためにはしかし、それに見合った諸制度や諸機関といった諸条件の整備が不可欠であり、これがもう一半の諸課題として存在する。プロレタリアート独裁国家は、階級対立が消滅するに伴い政治的性格を失い、したがって政治的国家としては死滅するにしても、だがしかしこの国家がそれまで担ってきたもう一半の諸課題まで消滅するわけでは決してない。それどころか、一国一工場体制としての連合社会を存続させ、発展させるための任務と課題はいよいよ本格化し、ますます増大することが見込まれる。そうだとすれば、それを担うための公的な諸機関が絶対に不可欠である。それらの幾つかは新規に設けられるにしても、その少なからぬ部分がプロレタリアート独裁国家から必然的に継承されることになろう。すなわちプロレタリアート独裁国家は、政治的性格を失う限りでは死滅するにしても、そのような諸機関にメタモルフォーゼするわけである。このように考えるならば、国家の「死滅」とは蛹から蝶への「変態」のごとき性質のものであると言うことができる。

この問題に関しては次のような叙述がマルクスには認められる。「プロレタリア運動の目標である階級の廃止がひとたび達成されたならば、生産に従事する大多数の人びとを、わずかな搾取する少数者のくびきのもとに留めるのに役立っている国家権力は消滅し、統治〔政府〕の機能は単なる管理的機能に転化する(27)」。先に引用した文中ではエンゲルスも「公共的機能はその政治的性格を失って、真の社会的利益のために配慮する単純な管理的機能に変化するであろう」と述べていたわけであるが、つまるところ統治に代わって社会全体に関する管理が登場するわけである。

しかしわれわれにとってもっとも重要なマルクスの言葉は彼の「バクーニン・ノート」の中に見いだされる。「人民全体が統治するようになる。すると統治される者はいなくなる。そうなれば政府はなくなり、国家はなくなるだろう」。このようなバクーニンの言葉を受けてマルクスは次のように述べている。「これはただ、支配階級が消滅すれば、今日の政治的な意味での国家は存在しなくなるということである」(28)。先にも述べたように、「政治的な意味での国家」という表現の仕方は「非政治的な意味での国家」をアプリオリに排除するものではない。この時点ではマルクスはまだ非政治的国家の存在を言外に匂わすだけに留まっているが、その翌年になると彼は「国家制度は共産主義社会においてはどんな転化をこうむるか、換言すれば、そこでは今日の国家機能に似たどんな社会的機能が残るか」と問い、「共産主義社会の将来の国家制度」という意味深長な言葉を口にするに至る。

その実態からすれば、共産主義社会は一大アソシエーションとしての一国一工場体制に他ならないわけだから、これを一つの経営体として運営していくためには中央集権的な一大中枢機関が不可欠である。しかもこの体制を経営・管理することは、事実上一国全体を経営・管理することと同義である。したがってその経営・管理には、「非政治的」なものであるにせよ、国家のごとき制度が、しかも中央集権的なそれが必要・不可欠であることは明白である。この経営・管理の問題が考察の俎上に上るにつれ、そうした必要性の認識がマルクスにおいても強まったと言うべきであろう。約言すれば、マルクスのこれらの言葉は、彼が共産主義社会に、その正式名称はさておき、非政治的国家が存在することを事実上認めたものと見なすことができよう。レーニンはそのように解釈したわけだが、「ブルジョアジーなきブルジョア国家」という名称はともかく、「階級のない国家」の存続という彼の主張には十分な根拠があると言うことができる。(29)

この国家制度は政治的性格を失っている限り、すでに大きな転化を被っているわけだが、「国家機能に似た社会的機能」について言えば、先に述べたような計画経済のための諸機関を始めとして、この一大アソシエーションを経営・管理するための諸機関が、「非政治的国家」の諸機関としてそうした機能を果たすことになる。当の一大アソシエーションが存続する限り、こうした諸機関の存在が不可欠であるのは自明である。従って、そうした諸機関から成る「非政治的国家」である「共産主義社会の国家制度」もまた、この社会が永続する限り、同様に永続する性質のものであると見るのが道理であろう。かくしてそれはレーニンが言うような「死滅しつつある国家」ではないことになる。ちなみに言えば、「非政治的国家」が一大アソシエーションである市民からなる経済社会の経営・管理を担うわけだから、一見したところ「政治的上部構造」としての国家はその「土台」である市民社会に吸収されたかのようにも見える。(30) マルクスの言う「市民社会による国家の吸収」とは現実にはこうした事態を意味するものに他ならない。二〇世紀の経験はしかし、そうしたマルクスの希望とは裏腹に、実際には国家による市民社会の吸収という全く逆の事態が生起したことを教えている。

『ゴータ綱領批判』のひと月少し前に書かれたエンゲルスの「手紙」には次のような一節がある。「プロレタリアートは国家を自由のためにではなく、その敵を抑圧するために必要とするのであって、自由について語りうるようになるや否や、国家としての国家は存在しなくなります。だからわれわれは、国家と言う代わりに、どこでも共同体 Gemeinwesen という言葉を使うように提案したい[31]」。階級支配のための政治的国家はもはや存在しないにしても、非政治的とはいえ、従来の国家に当る組織体はこのように厳然として存在するわけである。エンゲルスにとって「国家」とは政治的なものでしかないので、用語上の一貫性からすれば、この組織体を「国家」と呼ぶことはもはや適切ではありえない。これを公式に何と呼ぶかが今や問題なわけであるが、共同体という名称が「われわれ」の提案だとすれば、マルクスも同意見だったのかもしれない。『ゴータ綱領批判』には、綱領自身に記載されている「自由国家」に対する痛烈な批判はあるが、しかし Gemeinwesen についての言及は見られない。「共産主義社会の将来の国家制度」というマルクスの文言が記されているのはその数段後である。かくして「国家」という文字が将来社会に対する公式名称としては姿を消すにしても、この共同体はしかし、「非政治的」国家という性格を不可避的に帯びたものであることは銘記されねばならない。共同体を「国家としての国家」に代わるものとするエンゲルスの主張にもそうした性格のニュアンスを感じ取ることができるであろう。

4　「非政治的」国家から「政治的」国家への転成

エンゲルスによれば、「国家は階級対立を抑制しておく必要から、しかも同時にこれらの階級の衝突のただ中から生じたもの(32)」であるが、その他同趣旨のエンゲルスの言葉などを典拠にして、国家は社会の階級への分裂の所産として説明されるのが通例である。本稿でのこれまでの議論も国家を「階級対立の所産」とする説を前提にしたものである。だがしかし、エンゲルスは「階級と国家の形成」に至る道には二つあるとも言っている。第一の道とは、「土地の私的所有が未形成」な諸氏族の共同体から成る部族共同体が、共同所有のもとで国家に転成する場合であり、太古のアジアにおける国家の形成がこれに当たると見なされる。他方の第二の道とは、「土地が自由な財産」となった氏族共同体から出発し、私的所有にもとづいて階級がまず形成され、次いで商業の伸展により階級闘争が激化し、これを抑制するために国家が形成される場合であり、古代ヨーロッパにおける国家の形成はこれに他ならないわけである(33)。そうだとすれば国家には、こうした成立の仕方に応じて二つのタイプが存在することになる。

第一のタイプの国家である太古のアジアの国家について付言すれば、それは古王国以前のエジプトやアッカド王朝以前のシュメール（メソポタミア）の古代国家、さらには秦・漢帝国以前の中国の古代国家を、すなわち古代専制国家に先行する段階の古代アジアの国家を意味する。換言すれば、古代アジアにおいては、太古の「古アジア的国家」から古代の「専制国家」への段階的発展が認められる。[34]「古アジア的国家」はおおむね次のような段階をたどって形成される。まず部族共同体内に、共同の利益を保護し外敵を防御するための諸機関が新しい分業として創設される。社会全体の利益ためのこうした分業は、いわば知にもとづく「縦の分業」であるが、その職務が世襲化され、他方では他の諸共同体群との衝突が増大するに伴い、やがてこれらの機関は自立化するに至る。この自立化の結果、これらの機関で全体のための労働に従事している「公僕」が「主人」へと変質するに至り、ここに分業にもとづき政治的な仕方で支配階級が形成され、かくして部族共同体は国家へと転成する次第である。[35] それ故われわれは、階級対立の所産である第二のタイプの国家とは区別して、共同所有にもとづくこのような国家を（共同の利益のための）機関の自立化の所産と呼ぶことができよう。階級発生以前のこのような部族共同体は、「非政治的」国家と呼ぶことができるような性格のものであり、それが階級の発生に伴い「政治的」国家へと転成するわけである。

このような二つのタイプの国家を前にするとき、「階級の消滅と共に、国家も不可避的に消滅する」という国家の死滅に関するテーゼは一体どうなるのであろうか？ このテーゼは第二のタイプの国家、すなわち「階級対立の所産」としての国家から、その成立原因と見なされたものを順次捨象する形で帰結されたものであることをわれわれは想起する必要がある。仮にこのタイプの国家しか地上には存在しないのであれば、その成立原因とされる私的所有と市場経済とを揚棄し、それらに代えて共同所有と計画経済の社会にすれば、階級と国家は死滅するという推論も確かに成り立つ。だがしかし、第一のタイプの国家について言えば、それは共同所有にもとづくものであり、しかも「機関の自立化の所産」なのだから、この推論が妥当しないことは自明である。換言すれば、私的所有と市場経済の揚棄は決して階級ならびに国家の死滅とイコールではないのである。(36)

このような論理的帰結は、太古のアジアの国家（古アジア的国家）に関する理論をさらに深化・発展させていたならば、エンゲルス自身がつとに気付いていたはずのものである。しかし遺憾ながらそうした事態には至らず、「階級対立の所産」としての国家モデルがもっぱら前面に押し出され、国家の死滅が力説され続けたわけである。その限り、従来の国家死滅論は一面的であり、「部分の全体化」に伴う誤謬に付きまとわれていることになる。

太古の古アジア的国家の理論からすれば、一大協同組合の経営・管理をつかさどる非政治的国家には、「縦の分業」に由来する「政治的な仕方での階級形成」への傾動に伴う政治的国家への変質・転成の可能性が内蔵され胚胎していると言わねばならない。ところが従来の国家死滅論にはこうした認識が全く欠落しており、その限りそれは国家の死滅を楽観的に展望できたわけである。

だがしかしそこには致命的な死角が伏在していたと言わねばならない。非政治的国家には、「総体的奴隷制」をもたらし、国民総体を奴隷化するような、今述べたような変質・転成というメカニズムが潜んでいたのであり、二〇世紀のスターリン主義体制国家はそれが目に見えるような仕方で顕在化したものに他ならない。国家の死滅に関しては「大きな理論的空白」があり、「この問題は実際にはマルクスおよびエンゲルスにおいてなお未解決であった」ことを筆者はつとに指摘した経緯があるが[37]、上記のような変質・転成を防止する道が見いだされない限り、この空白は埋めることができない性質のものである。「普通選挙権による司法・行政・教育上の一切の人員配置と常時の解任権」ならびに「あらゆる職務に対する労働者並みの賃金」といった周知の打開策や三権分立制の導入によっては、この防止の展望が打開される見通しは立ちそうにもない。

〈注〉

(1) エンゲルス『家族・私有財産および国家の起源』(一八八四年)、MEW 21, S.168
エンゲルス『反デューリング論』では「消滅する」fallen ではなく「死滅する」absterben が用いられている。MEW 20, S.262

(2) マルクス『ゴータ綱領批判』(一八七五年)、MEW 19, S.28

(3) レーニン『国家と革命』(一九一七年) 国民文庫四四頁。

(4) 同前、一三六頁。

(5) マルクス『ゴータ綱領批判』MEW 19, S.20

(6) 同前、S.20f.

(7) レーニン『国家と革命』一三五頁。

(8) 同前、一四一頁。強調は引用者による。
(9) 同前、一二一頁。
(10) トロツキー『裏切られた革命』(一九三六年) 岩波文庫七七頁。
(11) エンゲルス『反デューリング論』MEW 20, S.262
(12) トロツキー『裏切られた革命』六八頁。
(13) 同前、三〇一頁。
(14) 同前、七八頁。
(15) 同前、八〇頁。
(16) 同前、九二頁。
(17) 加藤哲郎『東欧革命と社会主義』(花伝社) 二〇一頁、中野徹三『生活過程の射程』(窓社) 二一二頁。
(18) レーニン『国家と革命』一四四頁。
(19) マルクス「権威について」(一八七四年)、MEW 18, S.308
(20) レーニン『国家と革命』九一頁。
(21) 黒田寛一『資本論以後百年』(こぶし書房) 二一九頁以下。
(22) バーロ『社会主義の新たな展望』I (岩波書店) 一〇三頁、一〇六頁。
(23) 前掲拙著、第10章を参照のこと。
(24) マルクス『哲学の貧困』MEW 4, S.182

(25) マルクス、エンゲルス『共産党宣言』MEW 4, S.482

(26) 同前

(27) マルクス、エンゲルス「インターナショナルのいわゆる分裂」(一八七二年)、MEW 18, S.50

(28) マルクス「バクーニンの著書『国家制と無政府』摘要」(一八七四年)、MEW 18,S.634

(29) 前掲拙著で「階級のない国家」というレーニンの主張をマルクス主義の理論からの「大きな逸脱」としたが、これを改める(二五六頁)。

(30) マルクス「土地の国民化 nationalisation」(一八七二年四月)MEW 18, S.62.「土地の国民化は労使の関係に完全な変化を作り出し、結局は工業であろうと農業であろうと、資本主義的生産の形態を廃止するであろう。その時には、階級区別と搾取は、それを生み出す経済的土台もろともに消滅し、社会は自由な生産者の連合社会に変わるであろう。……もはや社会そのものと区別されたいかなる政府あるいは国家も存在しないであろう!」(第五章注(16)参照)。

(31) エンゲルス「ベーベル宛手紙」(一八七五年)、MEW 34, S.129

(32) MEW 21, S.166

(33) エンゲルス「フランク時代」MEW 19, S.475,『反デューリング論』MEW 20, S.166f.
エンゲルスは「フランク時代」で次のように述べている。「まだ土地の私有が形成されていない時期に国家権力が成立したところでは、国家権力は専制主義として登場する」。マルクスもまた「共同体的所有」にもとづき、古代のアジアなどでは専制国家が成立したとする認識を示している(『諸形態』国民文庫一〇-一一頁、MEW 19, S.385f.)。

(34)「古アジア的国家」と「アジアの専制国家」の段階的区別と前者から後者への転成については、前掲拙著第2章「古アジア的生産様式とは何か」で詳論。
(35)エンゲルス『反デューリング論』MEW 20, S.138,166f.
(36)前掲拙著、第7章、第10章を参照のこと。
(37)同前、第10章、二六九頁、二九六頁。

第三章

共同所有と「個人的所有の再建」

1　共同所有の社会主義的形態

A　個人的所有の再建について

共同所有（社会的所有）は社会主義の大原則である。だがしかし、社会主義が立脚するはずの共同所有の高次形態についてマルクスやエンゲルスは折に触れて断片的に語ることはあっても、あまり詳しくは語っておらず、いわんや異論の余地がないような仕方で明言しているわけでもない。この点にこそ、「共同所有＝国有」説はスターリニズム体制の根本テーゼの一つにすぎず、マルクスとは無縁であると見なされるゆえんがある。共同所有を国有と同一視するこの説は、現存社会主義の体制が確立し、いわゆる「社会主義国」が増大するに伴い、やがて不可疑の通説となり、今日なお多くの人々の思考を呪縛している。この同一視は確かにレーニンに由来するものであるが、彼がそのように考えた理由の一つは、当時の通念と同様に、社会的所有を「共同体的所有」と捉えた点にある。[1]もう一つは、社会主義段階における「国家の存続」という認識にある。いずれもマルクスが述べていることである。

「共同所有＝国有」とするレーニン説とは異なり、マルクスは「共同所有と個人的所有の高次の統一」を社会主義における生産手段の所有形態として構想していたとする主張も存在する。この場合、共同所有は個々人の所有から成るので、無論、「共同所有＝国有」説は成り立たない。こうした主張が論拠とするのは、『資本論』第一巻における周知の個所である。そこでは共同所有の社会主義的形態は「個人的所有」das individuelle Eigentum を再建するものとされている。まずはマルクス自身のテクストを『資本論』第二版（一八七二年）により確認しておくことにしよう。次のとおりである。

「それは否定の否定である。この否定は個人的所有を再建するのであるが、しかし資本主義時代に獲得したものにもとづき、すなわち、自由な労働者たちの協業と、土地および労働そのものによって生産された生産手段に対する彼らの共同所有 Gemeineigentum にもとづいてである(2)」。

このテクストからすれば、協業と共同所有は、それらを自由な労働者たちのものにすることがさらなる課題であるとはいえ、資本主義時代に獲得したものである。このことは「協業」についてては自明であるにしても、しかし「共同所有」については多少の敷衍が必要であろう。

先の一節は前段での次のような叙述を承けたものである。「資本独占は、それと共に開花し、そのもとで開花したこの生産様式の桎梏となる。生産手段の集中も労働の社会化も、それがその資本主義的な外皮とは調和できなくなる一点に到達する。そこで外皮は爆破される。資本主義的私的所有の最期を告げる鐘が鳴る。収奪者が収奪される(3)」。先の引用文中の「協業」と「共同所有」はここに出てくる「労働の社会化」と「生産手段の集中」にそれぞれ対応している。

問題なのは生産手段の集中である。その極限はマルクスによれば次のとおりである。「仮にある事業部門で集中が極限に達することがあるとすれば、それは、その部門に投ぜられているすべての資本が一つの個別資本に融合してしまう場合であろう。与えられたある社会では、この限界は、社会総資本がある個別の資本家なり唯一の資本家の会社なりの手に合一された瞬間に初めて到達されるであろう」[4]。

この極限は資本家による資本家の収奪によって達成されるわけであるが、それに関連してマルクスは次のように述べている。「収奪の成就がこの生産様式の目標であり、しかも結局はすべての個別人からの生産手段の収奪である。すなわち、これらの生産手段は、社会的生産の発展につれて、私的生産の手段でも私的生産の生産物でもなくなるのであって、それらは、連合した生産者たちの社会的生産物であるのと同様に、彼らの掌中にある生産手段、したがって彼らの社会的所有でしかありえないのである。ところがこの収奪は、資本主義的体制そのものの中では、反対の姿をとって、少数者による社会的所有の領有 Aneignung として現れる」[5]。

ここに示されているのは、少数者による領有として現れてはいるが、収奪による集中によって生産手段はますます社会的所有でしかありえないものになって行くという認識である。つまり社会的所有としての共同所有は、資本主義的生産の発展によって、事実上、潜勢的に形成されていくと見なされているわけである。最初のテクストのすぐ後では「事実上すでに社会的生産経営（フランス語版では「集団的生産様式」）に基礎を置いている資本主義的所有」とも言われている。こうした潜勢態を現実態に転化させるのが社会主義革命である。

さて、話を元に戻すと、社会主義の根底を成す共同所有はその高次の形態において実現されると考えられてきたわけだが、マルクスが共同所有の高次形態について初めて言明したのはようやく『資本論』第一巻の先の個所においてであると見なされてきた。だがしかし、再建される個人的所有についての『資本論』における一連の叙述は簡潔で、曖昧な点もあり、「再建される個人的所有」とは「消費財」あるいは「消費手段」の所有であるというように限定されていないため、それを「生産手段の所有である」とする解釈が生ずることになった。

かくして再建される個人的所有とは何か、それを再建する共同所有の形態とは何かといった問題が第三の大きな謎として新たに登場することになった次第である。その際、大前提になっているのは「再建される個人的所有の対象は生産手段である」という命題である。

『資本論』の先の一節に対するそうした前提からの解釈と批判は、既にマルクスの存命中に出現している。デューリングによる批判であることは言うまでもない。共同所有が共同体的所有であるとすれば、個人的所有を生産手段の所有と捉える限り、われわれは直ちに一物二権（共同体的所有でかつ私的所有）という矛盾に直面することになる。デューリングの次のような批判は正にこの矛盾を突いたものである。「マルクス氏は、彼の言う個人的であると同時に社会的な所有という朦朧世界に安んじて留まっていて、深遠な弁証法の謎を解くことは、彼の教義に通じた者たちが自分でやるのに任せている」[6]。この批判は、デューリングが通念に従い共同所有（社会的所有）を共同体的所有として理解すると同時に、個人的所有を生産手段の私的所有として捉えていることを示している。「労働者の私的所有を再建しない」の一句が挿入されたのは仏語版『資本論』（一八七五年）でのことであるから、独語第二版にもとづいてデューリングがそのように理解したのにはやむを得ない面もある。

仏語版『資本論』では、「労働者の個人的所有を再建する」の前に「労働者の私的所有を再建しない」が挿入され、再建される個人的所有が生産手段の私的所有ではないことが明確にされている。次のとおりである。

「それは否定の否定である。この否定は労働者の私的所有を再建しはしないが、しかし、資本主義時代に獲得したものにもとづく、すなわち、協業と土地を含めたすべての生産手段の共同占有possession commune にもとづく、労働者の個人的所有を再建するのである」[7]。

このように仏語版では、独語版における共同所有が、何の説明もなくいわば唐突に、共同占有と改訂されている。共同所有と共同占有は同一の対象（引用個所では「生産手段」）に対して用いられることがあるとはいえ、概念としては全く別個のものであり、その意味内容は質的に異なる。しかもこの一節は『資本論』第一巻の精髄を述べたと言っても過言ではない個所である。従って、共同所有から共同占有への変更は、単なる字句上の「改訂」に留まるものではありえず、従来の社会主義構想に対して、共同所有（共同体的所有）論から共同占有論への軸足の転換を迫り促すような重大な理論上の問題に著者が逢着したことを示唆している。かくしてこの転換的改訂が第四の大きな謎を形成することになる。

「共同所有＝共同体的所有」という理解に立つ限り、「朦朧世界」、「両性具有体」Zwittergestalt（個人的であると同時に社会的所有）というデューリングの批判をかわしうる道はただ一つ、すなわち所有の対象を消費手段と生産手段の二種類に分け、前者を個人的所有に、後者を社会的所有に割り振ることだけである。われわれがエンゲルスの次のような反批判に見いだすのは正にそうした対応である。「ドイツ語の分かる人にとっては誰でも、これは、社会的所有に入るのは土地その他の生産手段であり、個人的所有に入るのは生産物、したがって消費対象であることを意味する(8)」。

このようにエンゲルスはデューリングに反批判している。共同所有を共同体的所有とし「個人的所有」を生産手段の所有とする把握からは、今述べたような矛盾が不可避的に生ずる。マルクスは後に「労働者の私的所有を再建しない」と挿入したわけだから、彼からすれば個人的所有を生産手段の私的所有とする捉え方はいわば論外であるとも言えよう。

エンゲルスはさらに、「個人的であると同時に社会的な所有」というデューリングの記述を「奇怪な代物 dies Ungeheuer」(S.123) と呼び、「マルクスが一言も言ったことのない所有の高次の統一なるものを彼になすりつけている……」(S.121) と非難している。

彼はまた、『反デューリング論』第二版序文（一八八五年九月）で次のように述べている。「……私がマルクスに黙ってこういう叙述をしないということは、われわれの間では自明のことであった。私は印刷する前に原稿を全部彼に読み聞かせた……」(S.9)。

これらの引用からすれば、再建されるはずの「個人的所有」の対象には生産手段は含まれず、マルクスもその点には全く異存がなく、両者に見解の相違はなかったことになろう。その限りでは、「再建される個人的所有」の問題はとうの昔に決着済みであるとも言える。「再建される個人的所有の対象は生産手段である」とする前提命題にもとづき諸解釈を提起する論者たちも、エンゲルスによる上記のようなデューリング批判については先刻承知していると思われる。従って本章では提起された諸解釈を順次吟味することによって、そうした諸解釈の可能性と妥当性とを検討し批判することが眼目となる。

B　共同体的所有と生産手段の個人的所有は両立可能か

これまでに知られている共同所有の形態は共同体的所有、株式会社に典型的な民法上の共有、それに協同組合的な合有の三つである。それ故われわれはこれら三形態と共同所有の社会主義的形態との異同について順次検討しながら、後者の形態の明確化を図ることにする。本章ではしかし、考察の対象領域を差し当たり『資本論』第二版の射程圏内に、すなわち『資本論』仏語版の出版前後までに限定するが、『反デューリング論』は考察の対象に含める。この書では『資本論』第二版の叙述が前提になっているからである。

まずは共同体的所有との異同の検討から始めることにしよう。先に『反デューリング論』に論及した際に確認したように、近代社会においては生産手段の共同体的所有とその個人的所有が、同一対象に関しては、両立不可能であることは明白である。それ故、検討すべきなのは、共同体的所有でありながら、生産手段の個人的所有が私的所有ではない場合である。マルクスが言及している太古のアジア（東洋）的共同体の事例はそれに該当するようにも見えるので、まずそれから吟味することにしよう。(9)

東洋的共同体にもとづく「共同体的土地所有」ならびに古代ギリシャ・ローマおよびゲルマンの自由な「小土地所有」について彼は次のように述べている。

「この二つの形態において労働者は自分の所有物としての自分の労働の客体的諸条件〔労働手段と労働材料〕に関わっている。これこそは労働とその物的な諸前提との自然的統一である。労働者はだから労働とは独立に対象的現実存在を持っている。個人は所有者 Eigentümer としての、自分の現実の諸条件の主人としての自分自身に関わっている。個人は他の諸個人にも関わっており――そしてこうした前提が共同団体に由来するものとして措定されているか〔アジア的共同体の場合〕、それとも共同体を構成する個別の家族に由来するものとして措定されているか〔古代ギリシャ・ローマおよびゲルマンの場合〕に応じて――個人は共に所有する者 Miteigentümer としての他人に、同じことだが、共同所有 Gemeineigentum の体現者としての他人に関わっている、あるいは自分と並ぶ自立的な所有者、自立的な私的所有者としての他人に関わっている……。この二つの形態において、諸個人は労働者としてではなく、所有者として――ある共同体の成員、同時に労働もする成員として振舞う(10)」。

ここでは東洋的共同体の個々の成員は、共同体的所有の下にありながら、同時に所有者として、他人との関係においては共に所有する者〔共同所有者〕として捉えられている。もちろん個々人の所有は私的所有ではない。しかもその対象はここでは消費対象ではなく、労働の客体的諸条件であるのは明白である。すなわちアジア的共同体の成員個々人は、「共に所有する者」として生産手段の個人的所有者であるかのように見える。だがしかしマルクスにはアジア的共同体の成員を「個別的所有者」とする規定は無論のこと、「個人的所有者」とする規定も見当たらない。彼はさらに次のようにも述べている。

「所有が共同体的所有としてのみ存在するところでは、個別の成員そのものはある特殊な部分の、世襲的ないしは非世襲的な占有者 Besitzer であるにすぎない。所有のどの部分も成員単独のものではなく、共同体 Gemeinde の直接の成員としての、従って共同体と直接に統一されたもの、共同体から区別されないものとしての成員のものだからである。こうした個別人は占有者にすぎない。存在するのは共同体的所有と私的占有だけである[11]」。「人々は……共同団体 Gemeinwesen の所有物である大地と素朴に関わる。各個別人はこの共同団体の手足として、その成員としてのみ所有者または占有者として振舞う[12]」。「アジア的（少なくともそれが支配的な）形態にあっては、個別人の所有ではなく、占有だけがある。すなわち共同体が本来の現実的所有者であり、――従って所有は土地に対する共同体的所有としてのみ存在する[13]」。「この形態では、個別人は決して所有者とは成らず、ただ占有者と成るにすぎないから、結局、彼自身が、共同体の統一を具現する者の所有物 Eigentum、奴隷である[14]」。かくしてアジアの専制国家は「総体的奴隷制」と呼ばれることになる[15]。

つまり、共同体の成員個々人は共同体という総体の一員として、すなわち共に所有する者としては確かに所有者であると言えるが、しかし彼らは「共同体のへその緒からまだ離れていない[16]」共同所有者なのであって、個人的所有者ではないわけである。所有のアジア的形態においては生産手段としての土地の個別的な個人的所有はありえず、かくして生産手段に対する共同体的所有と個別的な個人的所有はこの形態においては両立しないことが確認される。

土地所有のゲルマン的形態に論及した際にもマルクスは、共同体的所有と個人的所有の関係について論じている。この形態では個人は散居定住している「個人的土地所有者」とされている。個別人の所有とは別に「公有地、共同体地」も存在するが、この「共同体的所有そのもの」は「個人的所有の補完」として現れ、「個別的所有者そのもの」によって利用される。その限り共同体成員は、ローマの平民のように、それを利用する権利を剥奪された priviert「厳密な意味での私的所有者 Privateigentümer」ではないことになる。「個人的所有者」と呼ばれる主たる理由であろう。加えるに、各個別の家が経済整体（完結体）であるわけだから、商品経済の未発達という事情も理由として勘案されていると思われる。[17]

このゲルマン的形態では確かに公有地の共同体的所有と個別的な個人的所有は両立しているが、しかしこの両立は同一の生産手段に関するものではない。この形態では共同体的所有と個人的所有は、その所有対象領域をいわば住み分けており、同じ領域に同居しているわけではない。無論これは共同体的共同所有の高次形態について述べたものではなく、その解体過程の局面を描写したものと見られる。

カイザーの時代には、年々交換される割り当てられた土地をドイツ人も氏族 Geschlecht 単位で共同耕作し、その生産物を諸家族の間で分配していたと考えられる。タキトゥスの時代には個別家族による耕作に移っていたが、耕作地はまだ一年を限っての割当てであった。マルクスが『諸形態』を書いた時点ではマウラーの諸著作はまだ世に出ていなかったが、エンゲルスはそれらを活用して後に『マルク』を書いている。彼によれば、農耕地が「個別農民の絶対的に自由な占有ではないにしても、世襲的な占有になった」のは、タキトゥスから四、五百年後であり、西フランク王国の時代にもライン河の東側では「なおかなり多数の自由農民が残っていて、たいていは散居していた」とのことである。(18)

マルクスはさらに共同体的所有(アジア的所有形態)と専制主義との関係についても述べている。「この形態は同一の基本関係を基礎としているが、それ自身きわめて種々様々な形で実現されうる。例えば大多数のアジア的基本形態の場合のように、総括的統一体はこれらすべての小さな共同団体の上に立ち、上位の所有者、あるいは唯一の所有者として現れ、従って現実の諸共同体は世襲的占有者としてのみ現れるということはこの形態に何ら矛盾しない。統一体が現実の所有者であり、共同体的所有の現実的前提でもあるから――この統一体そのものは、これら多くの現実の特殊な共同団体の上に立つ、特殊なものとして現れることができる。そこ〔共同団体〕ではその時、個別人は事実上無所有である。言い換えると所有――すなわち、個別人に属するものとしての、客体的なものとしての労働と再生産の自然的諸条件に対する、〔つまり〕非有機的自然として見いだされる彼の主体性の身体に対する個別人の関係行為 Verhalten(19)――は、多くの共同団体の父である専制君主に具現されている総統一体が、特殊な共同体を介して個別人に移譲する結果、彼には媒介されたものとして現れる。剰余生産物――これはちなみに、労働による現実的領有に従って法的に規定される――は、そのためにおのずからこの最高統一体に帰属する。東洋的専制主義とこの専制主義に法制的に実在しているように見える無所有性とのただ中では、だから実際にはこの部族的所有、あるいは共同体的所有が基礎として実在している……」[20]。

敷衍すれば、部族とは共通の祖先を持つ幾つかの氏族からなる集団であるとすると、[21]「小さな共同体」とは氏族やその構成団体を形成する数十人から数百人程度の諸団体であることになる。その限りでは氏族を統括する組織も一つの統一体であり、部族を統括する組織はその上位の統一体ということになる。そうした重層関係の延長線上に専制君主に具現される「最高の統一体＝総統一体」が形成されるに至り、これが唯一の所有者として現れ、他方、諸共同体は世襲的占有者として現れる。その結果、所有は、総統一体が共同体を媒介して個別人に移譲するものとなり、かくして個別人は「事実上無所有」となる。

約言すれば、共同体的所有にもとづく社会は専制国家に帰着し、成員個人は事実上無所有の奴隷となり、かくして共同社会は総体的奴隷制に変質する次第である。マルクスは五〇年代にこのような認識に到達しており、加えるにアジア的形態は「個別人が共同体に対し自立していない」[22]こと、「蜜蜂の個体が巣から離れていないように、個別の個人が部族や共同体のへその緒からまだ離れていない」[23]ことに、すなわち「個的人間の未成熟」にもとづいていると見ていたわけだから、「個的人間の未成熟」な状態で共同体的所有を社会主義の共同所有の形態とする点にマルクスは否定的であったと見られるが、われわれにとって特に興味深く刺激的でもあるのは、こうした認識が現存社会主義国家の顛末をいわば予言しているようにさえ見えることである。

現存社会主義は共同所有を共同体的所有とし、しかも国有と同一視していたわけだから、現存社会主義にもとづく諸国家は、いわば現代における共同体的所有の実験例と見ることもできよう。その結果は周知のように無残なものである。個々人は「総体の一員として所有者である」などと言われはしたが、本社、支社、生産点などの管理機関による幾重にもわたる占有に媒介される結果、個々人の所有は「事実上は無所有」となり、それは純然たる名目、空念仏に終始する。「主権者以外は無所有」なのだから、これらの国家が総体的奴隷制の再現に帰着するのはいわば当然であろう。

以上われわれは『資本論』の件の個所の共同所有を共同体的所有とし個人的所有の対象を生産手段とする捉え方の是非について検討してきた。その結果、近代社会に即する限り、この捉え方は不可避的に一物二権（共同体的所有で私的所有）という矛盾に逢着することが明らかになった。他方、アジア的共同体においては、共同体的所有と個人の所有は確かに両立可能であるようにも見えるが、しかし個人的所有と言えるのは、個人があくまでも成員の一人である限りのことであり、それ故、個人は共に所有する者（共同所有者）としてのみ所有者であり、個人的所有者ではなかった。マルクスが中世の共同体的所有をその高次形態などと見ていた節は全くない。その後、共同体的所有の高次形態が出現したわけでもない。

C　共有・合有と生産手段の個人的所有の両立可能性

共同所有の他の形態の検討に移ることにしよう。近代になって共同体的共同所有に代わって登場したのは、一つは資本家による株式会社的所有（民法上の共有 Miteigentum）であり、もう一つは労働者による協同組合的所有（合有 Eigentum zur gesamten Hand）である。これらと生産手段の個人的所有との両立性についての吟味が次の課題である。

共同所有と再建される個人的所有に関する『資本論』の上記の叙述をめぐっては、これまで様々な解釈が示され、論争が続けられてきた。しかしこの共同所有の形態に関する、したがってまた個人的所有に関する議論は、今なお共通認識の達成からほど遠い状態にあり、基本的な点ですら解釈は対立している。個人的所有については従来二つの相反する解釈がある。一つは、その対象を消費手段とする説（エンゲルス等）であり、もう一つは、これを生産手段とする説である。

前者については既に言及したので、ここでは後者の立場をとる幾つかの説について、まずはそれぞれの要点を手短に考察し、われわれの立場の輪郭をさらに明確にするのが順当であろう。

一説によれば所有とは「生産・交通・消費における自己獲得」に他ならず、かくして個人的所有（この説では「個体的所有」と呼ばれる）は「個体としての自己獲得」として捉えられる。次のごとくである。「物質的なものの生産とその交換および消費において、ひとが個体としての自己獲得を実現することは、個体的所有再建の第一の内容をなす。そして、精神的な生産すなわち学問・芸術・情報の生産における個体としての自己獲得、ならびに、それら学問・芸術・情報の交換と享受・利用における個体としての自己獲得は、個体的所有再建の第二の内容をなす(24)」。このように個人的所有はここではいまだ純然たる抽象論の領域に留まっており、その具体的形態、従ってまたそれと両立する共同所有の形態に関する言及は皆無である。

具体的形態について論及した解釈としては次のようなものがある。「ここ〔『フランスにおける内乱』〕ではマルクスは、『資本論』第一巻第24章7節の『否定の否定』によって再建される『個人的所有』を念頭におきながら、パリ・コミューンこそは、そのような『個人的所有を事実〔マルクスの原文ではtruth、独訳はWahrheit〕にしようと望んだ』と強調しているのである。だが、この『個人的所有』は、後半の引用箇所から明確であるように、《協同組合的所有》をさしていることは疑いない(25)」。「さしている」とは何を意味するのかいま一つ曖昧であるが、以下の叙述はこうした疑問に答えるものである。「個々の協同組合が生産上の単位としてあらわれるばあいには、土地その他の生産手段もまた、個々の協同組合によって個別的〔個人的〕に共同占有されていなければならない。『個人的所有の再建』において問題になる『個』とは、このような協同組合をさしており、個々の人間をさしているのではない(26)」。つまり「個人的所有＝個別協同組合的所有」

というわけであるが、この解釈はしかしきわめて強引であると言わざるをえない。こうした無理が生ずる原因は、個人的所有を「社会的、集団的所有の一種類」とするその前提にある。この解釈は個人的所有を協同組合的所有と関連づけた点に特徴があるが、しかし前者を後者の一側面を成すものとして捉えるのではなく、それを共同所有としての後者と同一視し、結局は　個人的所有を共同所有に解消してしまった点に難点があると言える。

個人的所有と共同所有の両立をあくまでも重視し、その実現を志向する立場から、共同所有の形態について独自の具体的な解釈を展開している説も無論存在する。次の一文が正にそうである。「社会主義は太古の原始的なアジア的共同体のような、共同体的共同所有の所有形態を基盤とするものではない、『より高次の』或いは『はるかに高次の、より発展した』共同所有形態、即ち共有（民法上の）の上に、つまり個々人的共同所有形態の基盤上で建設されるものである」[27]。民法上の共有 Miteigentum（以下共有と略）は一般的には株式会社の共同所有の形態として知られている。この説によればこの共有こそは、生産手段の個人的所有と共同所有の両立を可能にする「個々人的共同所有形態」なのである。

株式の所有に見られるように、共有の場合、個々人的所有は共同所有される生産手段に対する「持分（持株）」という形をとり、かくして一物二権の問題は解消する。この共有が社会主義における共同所有の形態であるとすれば、すべての生産者個々人がそうした持分を所有し、その所有を共通の権利として享受することを意味する。これを実現するための制度的保証は利潤分配制に求められよう。マルクスは地主、貨幣資本家および産業資本家を剰余価値の共占有者 Mitbesitzer と呼んでいる。[28] このように資本主義においてはもっぱら彼らに限定されている産業利潤の分配がすべての生産者個々人に対し行われるならば、その時には彼ら生産者たちは占有補助者から占有者へ格上げされ、かくして商品としての賃金労働は揚棄されることになる。それと同時に、利潤の分配は彼らに対し持分の所有のための物的基礎を提供し、その結果、持分としての個々人的所有が全生産者に関し実現される運びとなる。[29] 利潤の分配はもちろん一定の基準に従って、すなわち当時の常識からすれば各生産者による労働給付に比例して行われる。したがって各生産者は、利潤に対して自分の労働給付に応じた「取分〔分け前〕」の権利を有することになる。

共占有（者）Mitbesitz(er) について付言すれば、それは広義の共同占有、すなわち共同占有一般の特殊形態である。マルクスの用語法を丹念に分析してみると、共同占有一般は、①集団レヴェルの共同占有 Gemeinbesitz、②個々人レヴェルの共占有 Mitbesitz とに大別されていることが分かる。『諸形態』以来、彼は共占有を共同占有から区別し、個々人レヴェルの共占有に対しては常に Mitbesitz を適用している。その際、持分が伴う場合とそうでない場合とがある。例えば、『諸形態』における個々のアジア的共同体成員に対する共占有者 Mitbesitzer という呼称の場合や、ツンフトの親方の占有する消費元本に対する職人の共占有の場合は、持分の伴わない事例である。

他方、一定の産業利潤の分配を受ける、前出の剰余価値の共占有者の場合や、一人分を基準にしつつも、耕地面積に応じて時には二人分あるいは半人分、四半人分の用益の割り当てを受ける中世の共同体地の個々の共占有者の場合には、明らかに持分が伴う。[30] 労働給付に比例した利潤分配も無論この後者の事例に当たり、各人には「取分」が伴う。つまりMitbesitzは『諸形態』では持分の有無に関わりがなく用いられているが、『資本論』段階ではそれには持分が伴っている。

さて以上のごとく、共有は、社会主義の共同所有形態としては、すべての個々の生産者の持分としての個人的所有にもとづいており、他方この個人的所有をもたらすのは利潤分配制であるから、かくして共有、利潤分配制、個人的所有の三者は好循環構造を形成することになる。このように見る限り、共有は生産手段の個人的所有と両立する共同所有の必要条件を充足していると言える。

なるほど民法上の共有概念が確定するに至るのは一九世紀末のドイツ民法典論争においてであるが、しかしマルクスはこの概念についてそれ以前に何も知らなかったわけではない。先に言及したように、すでに『諸形態』でもMiteigentümerは用いられており、『資本論』ではこの用語が数回登場する。[31] だがしかし今述べたような時代的制約のため、この用語はいまだ概念としては未分化で、単なる共同所有者（共に所有する者）と民法上の共有者の両者を含む広義の「共同所有者」の意味で基本的には用いられている。[32] それ故その使用例の中には、一方では持分を伴う共同所有者という民法を先取りするような意味合いのものも幾つか見いだされるが[33]、他方では成員という資格での共同体所有地の単なる共同所有者を意味しているものもある[34]。先に述べた『諸形態』におけるアジア的共同体の成員および『資本論』（第一、第二版）における中世共同体の農民に対するその適用は、後者の意味での使用例に当たる。ちなみに、『資本論』第三版の本文ではMiteigentümer は「共占有者」Mitbesitzer と改訂され（注一九一の部分は改訂漏れと思われる）、フランス語版ではすべて copossesseur と改訂されている[35]。これは、中世においては、共同体＝所有者、成員＝占有者という認識への転換を示すものであると見られる。

しかしマルクスは、株式会社の資本を「私的資本に対立する社会〔会社〕資本（直接に連合した assoziiert 諸個人の資本）」と呼び、この社会〔会社〕資本は「資本主義的生産様式そのものの限界の内部での、私的所有としての資本の揚棄である」とまで言い切りながら[36]、それでもなおこの資本の所有形態を Miteigentum と呼んではいない。その名称はともかく、当時の株式会社や生産連合組合 association（株式会社は資本家の、後者はそれを原型とする労働者の連合体）が共有を所有形態とするものであることを彼は当然知っていたはずであり、したがってまた、この形態においては投票権が持分の多寡に比例し不平等であることも知っていたはずである。この不平等性故に、この形態に対しマルクスが違和感を持った可能性もある。それ故アソシアシオン型の共同所有、すなわち共有がマルクスの言う社会主義の共同所有形態になりうるとすれば、それは何らかの仕方で、例えば持分の制限などにより投票権を平等にした場合であることになろう。

ところで、このような制限を課するまでもなく、持分を異にしながら投票権に多寡の生じない、すなわち平等な権利を保証する共同所有形態も存在する。無論それは「一人一票」を原則とする協同組合型の共同所有＝合有である。その限り彼はこの共同所有形態に肯定的であったと考えられる。『フランスにおける内乱』（一八七一年）での協同組合を基軸としたコミューンに対するマルクスの次のごとき評価は、こうした解釈と符合するものである。「それは……土地と資本を、自由な連合した労働の純然たる道具に変えることによって、個人的所有を真実 truth にしようとした[37]」。

とはいえ彼は当時の協同組合の在り方をそのまま是認していたわけではなく、次のような改革を提言している。「協同組合がありふれた中間階級の株式会社に転落するのを防止するため、仕事に従事しているすべての労働者は、株主であろうとなかろうと、同様に分け前を受け取らねばならない。単に一時的な便法としてではあるが、われわれは株主に低率の利子を支払うことを認める用意がある[38]」。

以上われわれは共同所有の三形態について検討してきた。その結果、共同体的所有の場合、生産手段に関して「共同所有と個人的所有」の両立が可能なのは、同一の生産手段を対象とする限り、太古のアジア的共同体だけであるようにも思われたが、しかし「共に所有する者」としてのみ成員個人は生産手段の所有者なのであるから、彼は個人的所有者ではありえない。中世の農耕共同体をも含め、それ以外でも、両立は不可能であること、共有と合有はいずれも「〔生産手段の〕個人的所有を再建する共同所有」の形態としての資格を備えていることが確認された次第である。これらの共同所有形態を持つ二つの組合をマルクスやエンゲルスは協同組合 Genossenschaft と呼んでおり、さらには来るべき社会主義的共同体にさえマルクスは協同組合（協同体）という名称を与えていることは既に述べたとおりである。

だがしかし、『資本論』第二版の件の個所で彼が具体的に念頭に置いていた「個人的所有」は、はたして共有や合有なのであろうか？次に問うべき肝心かなめの問題はこれである。すでに略述したように（第一章2）、『ゴータ綱領批判』時点（一八七五年）でのマルクスの構想は、労働用具を「社会の共同財産」とするものであり、すなわち社会主義共同体としての一国規模の一大協同組合（一大会社）による共同所有、すなわち会社的＝社会的所有とも解しうるものであった。

2　再建される個人的所有の謎の解読

——共同所有の高次形態＝連合的所有（個々人的共同所有）とする説の検証

高次の「共同所有」の具体的イメージがマルクスやエンゲルスには無かったのかどうか、先ずはこの点について手短に確認しておくことにしよう。

マルクスは四〇年代の終わり頃から協同組合運動に関わりを持つようになったと見られる。彼はチャーチスト左派のアーネスト・ジョーンズの『人民への覚書』という雑誌（一八五一～二年）の記事に関与している[39]。「第一インターの創立宣言」（六四年）に述べられている「連合的労働associated labour」や「協同組合的労働の全国化」に関する主張は既にこの雑誌記事に述べられている。

また「暫定中央評議会派遣員への指示」（六六年）では、彼は「自由で平等な生産者の連合社会association」について言及し、生産協同組合co-operative societiesに関して①自主的な経営管理、②利潤分配制、③従業員持株制、④株主への低率の配当を提言している。なお、利潤分配は「持株数とは無関係」とされている。

他方の資本主義の株式会社について言えば、『哲学の貧困』（四七年）を執筆していた頃には、ブレイの著書（『労働の不当待遇と労働の救済策』三九年）などを通して無論知っているわけである。マルクスがブレイの著書にある株式制度joint stock systemをassociationと仏語訳したことは周知のとおりである。「マルクスからエンゲルス宛の手紙[40]」などに見られる「株式資本。最も完成した形態（共産主義に飛び移るための）」という文言は、株式会社に関するそれまでの知識を踏まえたものと見なすことができよう。

株式会社の資本家は「連合した資本家」と呼ばれ（MEW 23. S.655）、その資本は「会社〔社会〕

資本（直接に連合した諸個人の資本）」とされ、「資本主義的生産様式の限界の内部での、私的所有としての資本の揚棄である」(MEW 25, S.452) とまで言われている。『資本論』には共占有者 Mitbesitzer とは区別された仕方で、民法の「共有者」を意味する Miteigentümer という言葉が用いられている個所もある (MEW 24, S.334,423)。

このように「協同組合工場」(MEW 25, S.456) も連合した資本家の株式会社も、共に連合体 association(MEW 24, S.358) だからこそ、「資本主義的株式企業も、協同組合工場と同じく、資本主義的生産様式から連合的生産様式への過渡形態と見なされうる」わけである (MEW 25, S.456)。これらはいずれも連合した諸個人の、持分を伴う株式による「会社〔社会〕資本」であり、「個々人的共同所有」に他ならない。それらはいわば連合的所有とも命名できるものである。

もしも高次の統一（共同所有の高次形態）が共有あるいは合有だとすれば、「生産手段……を、自由な連合的労働の純然たる道具に変えることによって、個人的所有を真実 truth にしようとした」と述べたほどだから、共同所有の高次形態に関する具体的イメージはマルクスやエンゲルスには当然あったと言うべきであろう。

A　社会主義に至る過渡期の場合（検証その一）：三原則も過渡的、「差し当たり国有」

「経験は疑う余地のないまでに証明した」としてマルクスは次のように述べている。「協同組合的労働は、もしも私的労働者の時たまの努力という狭い範囲に留まるならば、独占の幾何級数的な成長を抑えることも、大衆を解放することもできない……。勤労大衆を救うためには、協同組合的労働を全国的規模で発展させる必要があり、したがって国民の資金でそれを助成しなければならない」（「国際労働者協会創立宣言」一八六四年）。

協同組合 co-operative や労働者の連合組合 association を全国化するために国民の資金で助成するという考えは、ルイ・ブランやプルードン、ラッサルなどにも見られるが、資金を助成する国家とはプロレタリアート独裁の国家であるとした点にマルクスの独自性がある。「暫定中央評議会派遣員への指示」（一八六六年九月）には、「社会的生産を自由な協同組合的労働の一大調和的体系に転化する」という一国一工場的展望が述べられている（ブレイやフーリエ派も同様に主張）。また『フランスにおける内乱』（一八七一年六月）では「協同組合的生産は資本主義的制度に取って代わるべきであり、……諸協同組合の総連合が共同の計画にもとづいて全国の生産を調整すべきである」(MEW 17, S.343) とも言われている。

エンゲルスは「ベーベル宛手紙」で「既存の生産手段を占有すべきではない」とする立場（シュルツェ・デリッチュやラッサル）を批判し、「既存の生産の中へ協同組合 Genossenschaft を挿入する」ことを要求し、「パリ・コミューンが要求したように、労働者は工場主によって停止させられた工場を、協同組合的に経営すべきなのである」とし、さらに次のように述べている。「そして十全な共産主義的経済への移行に当たって、われわれは協同組合的経営を中間段階として大々的に適用しなければならないであろう。このことについてはマルクスも私も疑問を持ったことはなかった」。「十全な共産主義的経済」とはプロレタリアート独裁期を不十分な共産主義と見てのことであるが、彼は続いて次のように言っている。「ただし問題は次のように配備されねばならない。すなわち、社会が、従って差し当たりは国家が、生産手段に対する所有権を保有し、かくして協同組合の特殊諸利害が、社会全体に対立した形で、固定することがないようにしなければならない(41)」。

以上のように協同組合的経営は、過渡的な中間段階として適用されるにすぎず、しかもこの過渡期における協同組合は、自主的な経営管理、利潤分配制、従業員持株制という三原則を掲げるとしても、現実にはその大半が、国家により助成された会社や没収・収用された資本家の会社としてスタートする限り、いずれの場合も差し当たり国有であることになる。とはいえ、資本主義の株式会社と同様に所有と経営の分離にもとづく限り、国家による何らかの制約があるにせよ、それらは国営ならざる民営の自主的経営と利潤分配制にもとづく会社である。つまり、従業員持株制という所有形態を別とすれば、それらは連合組合の原則に従っていることになる。「パリ・コミューン」の体験にもとづきマルクスは、そうした民営の協同組合の総連合が「共同の計画にもとづいて全国の生産を調整する」ことを構想するわけである。しかし計画の策定に当たっては、

「協同組合の特殊諸利害が、社会全体に対立した形で、固定することがない」ように国家が関与することになるので、この計画は実際には総連合と国家の協議に委ねられることになる。ユーゴ型社会主義に近似したイメージである。

過渡期社会は市場原理と計画原理とから成る混合経済体制であるとすれば、計画経済が部分的なものに留まる限り、それが一国一工場体制へ転化することは考えられない。だがしかし、市場廃止の計画経済となると、集権的な一国一工場体制は不可避である。マルクスやエンゲルスは市場廃止の計画経済論者であるから、彼らが共産主義社会を一国一工場体制として構想するのはいわば必然である。

B　社会主義段階（「一国一工場」体制）の場合（検証その二）：共同所有＝総有

上記のように、過渡期社会における協同組合の大多数は現実には「差し当たり国有」として出発するわけだが、他方、連合組合的所有、すなわち連合的所有こそが共同所有の「高次形態」であるとすれば、国有から持株による連合的所有への転換こそが次なる枢要な必須の課題となってしかるべきである。ところがそれに関する発言や記述はマルクスやエンゲルスには全く見当たらない。当時そうした所有の転換に該当することについて積極的に語っていたのはプルードン主義者たちである。しかしエンゲルスは彼らの主張に真っ向から異議を唱え､次のように述べている。

「ついでに確認しておかねばならないことは、労働人民によるすべての労働用具の『実際の占有獲得 Besitzergreifung』、すべての産業の占有取得 Inbesitznahme は、プルードン主義者の言う『償還』とは正反対のものだということである。償還の場合には、個々の労働者が住宅、農民圃、労働用具の所有者になるのだが、占有獲得の場合には『労働人民』は家屋、工場、労働用具の総有者 Gesamteigentümer に留まり、それらの用益権は、少なくとも過渡期の間は、費用の補償なしに個々人または会社に委ねられることはおそらくないであろう。……労働人民によるすべての労働用具の実際の占有獲得は、従って賃貸借関係の保持を決して排除するものではない(42)」。

エンゲルスからのこの引用はプルードン派を批判した「住宅問題」第三篇の中の一節で、『資本論』第二版の発行（一八七二年一月）と同時期のものである。上記のとおりエンゲルスは償還説を退け、総有説を唱えている。占有と総有については述べられているが、ここには国有から持分を伴う連合的所有への転換に関する言及は皆無である。労働人民は総有者である、すなわち総体としての労働者が所有者であるとされているが、非国有化への展望は何も示されていない。

マルクスやエンゲルスが国有から連合的所有（個々人的共同所有）への転換について何も語らなかったのは、一つは、市場廃止の十全な共産主義経済は「一国一工場」体制なので、高次の所有形態としては、共同体的所有（総有）が想定されていたからであり、もう一つは、「十全な共産主義経済」では「労働に応じた分配」が大原則であり、様々な社会保障制度も設けられるので、「持分」を所有として設定してもあまり意味がないからではないかと考えられる。

さらにまた、一国規模の新たな共同体としての共産主義社会は、マルクスによれば非政治的とはいえ国家なので、共同所有の高次形態を共産主義的共同体の所有とすれば、論理上、この共同体的所有は国有を意味することになる。『共産党宣言』時点では「差し当たり国有にする」とし、「政治的権力＝国家」が無くなるから、「国有」も無くなることが展望されたわけだが、その後の認識の進展に伴い、そうした展望は根本的な修正を余儀なくされたと言わねばならない。

「労働者による総有だから各労働者は所有者である」というのは、現実には単なる空疎な名辞・名目にすぎない。この社会の所有形態は実質からすれば国有に他ならず、一国一工場体制である限り、これが共産主義的な共同所有の「高次形態」の実相であると言わねばならない。広西は「より高次形態の共同体所有＝総有なるものは、実際問題としてあり得ない[43]」と述べているが、それが高次であるゆえんは、これまで述べてきた限りでは、主体的ならびに客体的な生産力の高次性に主として帰着することになる。マルクスやエンゲルスは確かに「共同所有＝国有」と言明こそしていないが、しかしそのように言明したレーニンは、彼らが暗黙の内にたどり着きつつも、躊躇していたように思われる結論を単に公言したにすぎないことになる。一国一工場体制の場合には国営は不可避なわけだから、かくしてここに国家の存続・一国一工場・国有・国営計画経済というスターリン主義体制の四点セットが出そろうことになる。

従ってまた三原則（自主的な経営管理、利潤分配制、従業員持株制）はさらに縮減し、その中でこの協同組合的社会になお残存している原則は、「労働者自身の所有」が単なる名目にすぎないとすれば、事実上は利潤分配制のみということになる。「労働に応じた分配」がそれに該当するのは無論である。マルクスは『ゴータ綱領批判』で共産主義的共同体を一国規模の一大組合の意味で協同体 Die Genossenschaft と呼んでいるが、彼がそう呼んだゆえんは、従業員持株制ではなく、ただ一つ残された利潤分配制の原則にあることになる。マルクス自身はユーゴ型の分権的な「協議計画経済」を構想していたと見られるので、「唯一残された」というのは彼に対しては酷かもしれない。だがしかし、ユーゴの協議計画経済が改革の過程で集権化に向かったのは事実であり、市場廃止の計画経済が集権化し、結果として国営化するのは必至である。(44)

C　検証のまとめ

これまで「所有の高次の統一（共同所有の高次形態）＝連合的所有」説を検証してきた。その結果、『資本論』第二版の射程圏に関する限り、マルクスとエンゲルスには連合的所有、すなわち民法の共有や合有を社会主義社会の高次の共同所有の形態とする構想は見いだされず、彼らの念頭にあった共同所有の形態は総有（共同体的所有）であることが確認された次第である。ここに至り、『資本論』第二版の「個人的所有の再建」の個所の解釈として、上記の連合的所有説は妥当しないことが判明したと言わざるをえない。換言すれば、「再建される個人的所有の対象は生産手段である」という前提命題は成立不可能であり、それ故、エンゲルスが言うように、再建されるはずの「個人的所有」に生産手段は含まれず、マルクスもその点には全く異存がなく、両者に見解の相違はなかったことになる。かくして第三の謎は解消する。「個人的所有を真実のもの truth にしようとした」という『フランスにおける内乱』の文中の「個人的所有」についても同様のことが言えるであろう。

マルクスが「個人的所有の再建」と書いたとき、彼の念頭にあったのは、かつて疎外論の立場から「生産物の疎外」と呼んだような事態、すなわち「労働の実現が……労働者の現実性剥脱として現れ、対象化が対象の喪失および対象への隷属として、我がものとする行為が疎外、外化として現れる」[45]ことであろう。疎外論的に言えば、個人的所有の再建とは消費対象としての生産物の「疎外」からの回復ということになる。

3　共同所有から共同占有への改定の謎の解読

『資本論』仏語版に取り掛かった時期にマルクスが抱いていた社会主義に関する構想の大枠は、おおよそ上記の四点セットに集約されるような内容であると見なすことができよう。はたしてマルクスは現代に蘇生したデスポティズム、すなわちスターリン主義の四項目テーゼにそのまま留まったのであろうか？　これが肝心の問題である。

われわれはこれまで、言及する文献の時期的範囲を、仏語版『資本論』最終分冊の発行ごろまでに限定して論及してきた。この時期は、マルクスがインタナショナルで活躍していた時期であり、またその余韻が強く残っていた時期とほぼ重なる。それ故われわれは、肝心の問題に関する認識を深めるために、インタナショナルを舞台にした時期とその直後におけるマルクス派とバクーニン派との確執について要点をたどることにしよう。

以下の論述と関連する重要な出来事を年代順に列挙すれば次のとおりである。

一八六四年九月　国際労働者協会（インタナショナル）創立。ロンドンを所在地とする総評議会が選出され、ハーグ大会（一八七二年）に至るまでマルクスがすべての総評議会の中心的指導者となる。

一八六九年六月　社会民主同盟（バクーニン派）は、前年の一二月以来、国際労働者協会への加入を求めていたが、「諸階級の平等化」という主張を「諸階級の廃止」と改め、加えるに同盟を解散することなどを条件に、加入を承認される。しかし彼らはこの解散条件を履行せず、秘密結社として存続させる。

一八七一年五月　パリ・コミューン没落。その直後にインタナショナル内部でバクーニン派との間の意見の対立が表面化。
一八七二年九月　ハーグ大会で公然たる分裂が起こる。無政府主義者との足掛け五年にわたる闘争は、彼らのインタナショナルからの放逐で幕を閉じる。
一八七三年八月　マルクスとエンゲルスは『社会民主同盟と国際労働者協会』（報告書と記録文書）を執筆・刊行し、七四年には『国際労働者協会に対する陰謀。ハーグ大会の委託によって起草されたバクーニンおよび社会民主同盟の策動に関する報告書』という表題で刊行(46)。

A　マルクスとエンゲルスのアナーキズム（バクーニン）批判

バクーニンのアナーキズムに対するマルクスとエンゲルスの主要な批判の一つは、「無政府主義者は、物事を逆立ちさせる」ということである。

「無政府、これこそは彼らの師匠バクーニンの金看板である。彼はすべての社会主義諸体系からただそのレッテルだけを取ったにすぎない。社会主義者は皆、無政府という言葉を次のように理解している。すなわち、プロレタリア運動の目標である階級の廃止がひとたび達成されたならば、生産に従事する大多数の人々を、わずかな数の搾取する少数者のくびきの下にとどめるのに役立っている国家権力は消滅し、統治の諸機能は単純な管理の諸機能に転化するということである。同盟は逆立ちさせて物事を企てる。それは、プロレタリアの隊列内の無政府を、暴力的な権力手段、搾取者の手に集積された社会的ならびに政治的な権力手段を打破する最も不可欠な手段として宣言する」[47]。

つまり「無政府主義者は、プロレタリア革命は国家という政治組織を廃止することから始めなければならない」と宣言するわけである。しかしマルクスやエンゲルスからすれば、「プロレタリアートがその勝利の後にすぐ使える形で見出す唯一の機構」である国家は、「勝利したプロレタリアートが、それを用いて、まさに奪取したばかりのその権力を有効に働かせ、資本家というその敵を制圧し、社会の経済的革命を……遂行する唯一の組織[48]」なわけだから、国家の消滅はそうした制圧と経済革命の後になるのは当然である。しかもバクーニンの構想では、少人数の「秘密組織（陰謀団[49]）」がそうした無政府状態の産出に際しては大きな役割を担うことになり、この点も批判の対象となる。

もう一つの主要な批判は、バクーニンが一変して突如語りだした所説、すなわち従来の主張とは矛盾する「新たな革命的国家[50]」に関するものである。「無政府状態」に引き続いて課題となる「未来の組織」について、バクーニンは当初「われわれのすることは、すさまじい、全面的な、仮借ない、普遍的破壊に他ならない〔無政府状態〕」とし、〔未来の組織は……未来の世代の問題である[51]」と述べていた。しかしインタナショナルでの論争やパリ・コミューンでの経験などによる学習を踏まえ、彼は「未来の組織」についても語るに至る。

経済的組織については次のごとくである。「いっさいの生産的資本と労働用具は没収され、労働者協同組合に引き渡される」、「教会と国家のすべての財産……は没収され、すべての労働者協同組合の連合的な同盟 Alliance fédérative に引き渡される、この同盟がコミューンを形成する」。

他方、行政組織について言えば、コミューンには各地区などから派遣される代表からなる「コミューン議会」が設置され、この議会は行政の各部門に「執行委員会」を選出することができる。またコミューンを結成した首都は、蜂起した協同組合、市町村、地方に対し「連合 Fédération を作り、また反動に打ち勝つことのできる革命的強力を組織するように呼びかける」。こうして「新たな革命的国家」、「全反動勢力の同盟と闘う世界革命同盟」である「新たな祖国」が成立することになる。(52)

「無政府状態」を別とすれば、上記の主張に特に新味はない。問題なのは彼の次のような主張である。「無政府状態のただ中で」、このような「新たな革命的国家」を打ち立てるためには、「革命的思想と革命的行動の統一」が不可欠であるが、バクーニンによれば、「百人の革命家」から成る「国際兄弟の世界的な秘密協会」こそは、そうした統一をもたらす「機関」なのである。(53) この機関の任務は二つである。一つは「思想を大衆内に普及させ、革命の誕生を助けること」であり、もう一つは「革命の参謀部 état-major を組織すること」である。(54) この参謀部は「革命の最高指導部 suprême direction」(第8条)と言われているものと深い関わりがあると考えられる。

つまりバクーニンはこの時期においてもなお「秘密結社による革命指導」という以前からの構想に固執していたわけである。この秘密結社は「上級者に対する盲目的服従」というイエズス会的モラルを順守する限り、それによる「思想と行動の統一」とは、その実、頂点に立つバクーニンの命令に対する盲従であるということをマルクスとエンゲルスは剔抉し批判している。

B　バクーニンのマルクス批判

マルクスがバクーニンの著書『国家制と無政府』（一八七三年）を読み、その摘要ノートを作成したのは、『資本論』仏語版の原稿を作成していた途上のことである。

仏語訳分冊の第9シリーズ（最終セット）の発行は一八七五年一一月であるが、マルクスによる最終原稿の提出は七五年一月である。仏語版『資本論』のマルクスによる後書は一八七五年四月二八日の日付である。インドの太古的小共同体の個所の共同体的占有 gemeinschaftlicher Besitz から possession commune への仏語訳は七三年末頃と推定される。(55)

『国家制と無政府』をマルクスが読んだのは一八七四年から七五年初め頃と見なされているが、その読了後に仏語訳最終原稿を提出したと見るのが自然であろう。

『ゴータ綱領批判』について言えば、「ブラッケ宛手紙」は七五年五月五日付であるから、それが執筆されたのは七五年四月と見られる。

その後に執筆・公刊された関係諸文献の年月日は、次の通りである。
『反デューリング論』（「否定の否定」に関する個所）：七七年五月
「フランス社会主義労働党綱領」前文：八〇年六月三〇日
「ザスリッチ宛手紙」：八一年二～三月
『資本論』独語第三版：八三年一一月
既に紹介したように、摘要ノートには次のような一節が抜書きされていた。
「『科学的社会主義』という言葉それ自身が示しているように、えせ人民国家は、本物や偽物の学識者という新しいごく少数の貴族階級による、人民大衆に対するきわめて専制的な統治に他ならない。人民は学識がない、つまりそれは、人民が統治の心配からまるごと解放されること、被統治者の畜群にまるごと入れられることを意味する。すばらしい解放だ！[56]」
さらに次のような部分も抜書きされている。
「この綱領の主要点は、〈もっぱら国家〉を手段としてプロレタリアートを解放する（と称する）点にある。……二つの手段がある。……プロレタリアートは、国家を自分に従わせるために革命を行わなければならない。――これは、……マルクス氏の理論によると、英雄的な手段である。……次いで人民は全権力をマルクス氏とその友人たちに引き渡さねばならない。……彼らは、単一の国立銀行を設立し、すべての商工業生産、農業生産、また学問生産さえ自分たちの手に集中し、人民大衆を二軍に分ける、すなわち新しい特権的な学問的・政治的な身分を形成する国家技術者の直接の指揮下にある工業軍と農業軍に分ける[57]」。

この時マルクスは、かつて『諸形態』で取りまとめたアジアの専制国家論のことを想起したと見てもあながち不当ではないであろう。そこでは、アジアの専制主義の基礎にあるのは共同体的所有であり、それが幾重にも媒介されて国家所有となり、「共同体のへその緒からまだ離れていない」個々人は事実上無所有となり、奴隷となるのであった。つまり、核心部分だけをとれば、共同体的所有にもとづく国家は総体的奴隷制に帰着すると認識されていたのである。

C　共同所有から共同占有への改定が意味するもの

上記の四点セットがデスポティズム、専制主義をもたらすとすれば、デスポティズムの復活・再来を阻止し、新たな共同社会がそれに堕するのを未然に防止するためにマルクスが真っ先に為すべきことは、この四点セットの解体をおいて他にありえないであろう。「非政治的国家」の存続は否定できないので、共同所有の社会主義的形態を共同体的所有（国有）とする従来の大原則を撤廃し、そこから離脱することが第一であるように思われる。ところが「国有」については何も触れず、彼がなかんずく俎上に上せたのは、「国営計画経済」であると見なすことができよう。なぜなら、先に紹介したように、マルクスは仏語版の『資本論』で、本章で論じてきた一節中の共同所有 Gemeineigentum を共同占有 possession commune と改訂し、占有論の立場を前面に押し出しているからである。(58) そこには一大協同組合という集団による共同占有によって「国営」を打破し、連合組合の三原則のうち、「自主的な経営管理」を回復させようとする意図がうかがえる。『ゴータ綱領批判』はこの集団的な共同占有論の立場から記されたものであり、「転換的改訂」をデスポティズム予防のための第一歩とすれば、この『綱領批判』は第二歩ということになろう。彼はこの批判において一大協同組合による共同占有について考察し、この協同体における民主主義の可能性について熟考したものと考えられる。

普通の生産協同組合の場合、この組合の経営方針の決定や生産手段などの経営管理は、一人一票を原則とする組合員総会などを通じて、組合員の総体によって民主的に行われる。つまり、この協同組合で働く組合員の集団（生産者組合）が生産手段を占有する、すなわち、自らの利益のために、生産手段を事実上支配するわけである。集団によって行われるこうした占有、これが共同占有に他ならない。

来るべき共同社会を協同組合的性格のもの、すなわち一大協同組合（一国規模の協同組合）としてマルクスは構想していたわけだが、そこでも民主主義が貫徹し、民主的な共同占有が行われるとすれば、自由と民主主義が実現されるはずであり、従ってデスポティズムや専制国家の再来は杞憂にすぎないことになる。共同所有に替えて共同占有を前面に打ち出した背景にはマルクスのそのような認識があったものと考えられる（後段で言及する「綱領前文」はこうした推定を許容する）。上記のような脈絡で捉えるならば、この転換的改訂は、バクーニンの批判に対する反批判的応答を意味すると言っても過言ではないであろう。これが第四の謎に対する解読である。

共同体的所有論から共同占有論へのこの軸足の転換を、エンゲルスは無論のこと、マルクスも――印刷する前に彼から原稿を全部読み聞かされたわけだから――次のように再確認している。「〔今日見られる〕この私的所有をもまた否定し、それを再び共同財産 Gemeingut に転化しようとする要求が、必然的に現れてくる。だがこの要求は、古い本源的な共同所有の再建を意味するものではなく、はるかに高度の、一層発展した共同占有 Gemeinbesitz の形態を打ち立てることを意味する……」(59)。

このGemeinbesitz についてエンゲルスはそれ以上の説明を何も付けておらず、Besitz が「占有」なのかそれとも「所有」なのかさえ曖昧な有様である。文脈からすれば、彼はこの Gemeinbesitz が「高次の、より発展した共同所有」であるようにも受け取れる言い方をしているため、従来それが「共同所有」と訳されて来た経緯がある。仏訳は propriété collective、英訳は possession in common であるが、英訳が正しい。

エンゲルスが一八七〇年九月にマンチェスターからロンドンのマルクス家の近くに引っ越して以来（共に当時の北西区）、二人は日常的に意見を交換できる状態にあった。『反デューリング論』

の執筆時点でも同様で、デューリングがGemeinbesitzを「共同所有」の意味で用いていることや仏語版『資本論』の件の個所のpossession communeにはGemeinbesitzを用いることも当然話題になったと見られる。

エンゲルスがマルクスのGemeinbesitzの用法に直接触れたのは、これまでは、「フランス社会主義労働党綱領」草案の前文が公述された折（一八八〇年）が最初で、二度目は『共産党宣言』ロシア語第二版序文の共同執筆の折（一八八二年）であると見なされてきた。しかし両者は近くに居住していたのだから、最初に直接触れたのは『反デューリング論』の執筆の折であるとするのが自然である。デューリングがGemeinbesitzを誤って「共同所有」の意味で用いているのに、エンゲルスも同じ意味で用いることはありえない。ヘーゲル学派の出自として、マルクスもエンゲルスも所有と占有を当然区別しており、一八四〇年代からBesitzを「占有」の意味で用いている。(60)

さらに三年後にマルクスは「フランス社会主義労働党綱領前文」（一八八〇年六月）で次のように「生産者は集団的に占有する限りでのみ自由であることができる」と述べている。

「生産者階級の解放は、性および人種の差別なく、すべての人間の解放である」、「生産者は生産手段（土地、工場、船舶、銀行、信用等々）を占有する限りでのみ自由であることができる」、「生産手段が生産者に所属する形態は二つ〔個人的形態か集団的形態〕しか存在しない」が、「個人的〔占有〕形態は……工業の進歩によってますます排除されつつある」のに対して、「集団的〔占有〕形態の物質的・知的諸要素は、資本主義社会の発展そのものによって形成されている」[61]。こうした主張から見る限り、マルクスは、生産者による集団的占有 possession collective（共同占有）が行われる限り、デスポティズムは生起しえないと判断したものと考えられる。

〈注〉

(1) マルクスの「相続権についての総評議会への報告」（一八六九年八月）の中の一句 social property は総有 Gesamteigentum と独訳されている（MEW 16, S.367）。エンゲルスは「住宅問題」第三篇（一八七三年）で、労働人民は「家屋、工場、労働用具の総有者 Gesamteigentümer」であると述べている（MEW 18, S.282）。総有は共同体的所有すなわち共同体による共同所有を意味するので、通念には十分な根拠があったと言える。

(2) MEGA Ⅱ /6, S.683.「個人的所有」問題の発掘に関する経緯については坂間真人「マルクス学説の再興」（上）に詳しい紹介がある（『情況』一九七二年一〇月）。

(3) マルクス『資本論』第一巻、MEW 23, S.791

(4) 同前第一巻、MEW 23, S.655f.

(5) 同前第三巻、MEW 25, S.456.「領有」Aneignung は「我がものとする」ことを意味するので、「専有」と訳されることもある。

(6) エンゲルス『反デューリング論』（第一編一八七七年五月）MEW 20, S.121-2

(7) 新MEGA II/7 p.679. マルクスは私的所有を生産手段に関して用い、個人的所有から区別しているように見える。possession commune は独語第三版で Gemeinbesitz と独訳される。ゴシックは引用者による。

独語第三版による邦訳は、全集版『資本論』(大月書店)では「共同占有」と正訳されたが、筑摩書房版では「共同所有」と誤訳にもどる(『資本論』第一巻㊦五七五頁)。『フランス語版資本論』(法政大学出版局)では「共同占有」と訳されている(五五七頁)。

(8) エンゲルス『反デューリング論』MEW 20, S.121f. 同書からの引用ページ数は本節では以後本文に組み込む。

(9) 広西元信は「個人的所有の再建」をつとに太古のアジア的共同体に関連づけて論じている(『資本論の誤訳』こぶし書房二四六頁、二八六頁)。彼によれば共産主義とは「ローマ・ゲルマン的共同体・社会主義段階の通路」を通って「太古のアジア的共同体に逆転化、復帰すること」である。「個々人的所有であると同時に、社会的所有となり、所有の高次の統一に復帰する」ことである(二八六頁)。マルクスが「個人的所有の再建」と述べたとき、彼の念頭にあったのは、このアジア的共同体における個人的所有(個々人的所有)であると広西は解釈しているが、個々の共同体員はしかし共に所有する者(共同所有者)であって、「個人的所有者」ではないことは次段で述べるとおりである。

(10) マルクス『諸形態』MEW 42, S.383f. 国民文庫七頁以下。ゴシックおよび〔 〕内は引用者による。

⑾　ibid.,S.389, 国民文庫一七頁。
⑿　ibid.,S.385, 国民文庫一〇頁。
⒀　ibid.,S.392, 国民文庫二四頁。
⒁　ibid.,S.401, 国民文庫四〇頁。
⒂　ibid.,S.403, 国民文庫四四頁。
⒃　マルクス『資本論』MEW 23, S.353
⒄　マルクス『諸形態』ibid.,S.391-3, 国民文庫二三頁以下。
⒅　エンゲルス「マルク」MEW 19, S.319f.,325,「フランク時代」ibid.,S.475f『ガリア戦記』Ⅳ-1, Ⅵ-22,『ゲルマニア』第一部16,26
⒆　ここの文章には破格がある。後論では「所有とは本源的には、自分に属するものとしての、……自然的生産諸条件に対する人間の関係行為に他ならない」(ibid.,S.399, 国民文庫三七頁）と述べられており、ここでの解釈はこれに従う。『経済学哲学手稿』には次のようにある。「全自然を人間の非有機的身体にする……。……人間は自然によって生きていくという意味では、自然は人間の身体であるということである」(MEW 40, S.516,「疎外された労働」国民文庫一〇五頁)。
⒇　MEW 42, S.385, 国民文庫一〇頁。
㉑　ibid.,S.387, 国民文庫一三頁。
㉒　ibid.,S.394, 国民文庫二九頁。

(23) マルクス『資本論』MWE 23, S.353f.「古い社会的生産有機体は、他の人間との自然的な類的関係 Gattungsverhältnis のへその緒からまだ離れていない個的人間の未成熟……にもとづいている」。(ibid.,S.93)

(24) 平田清明『市民社会と社会主義』(岩波書店)一〇八頁。

(25) 福冨正実『共同体論争と所有の原理』(未来社)三一頁。〔 〕内は引用者による。

(26) 福冨正実・田口幸一『社会主義と共同占有』(創樹社)三九頁。

(27) 広西元信『左翼を説得する法』四〇頁。

(28) 『資本論』第二巻、MEW 24, S.335.『剰余価値学説史』MEW 26-1,S.18. 邦訳の全集版(大月書店)では共有者、共同所有者と誤訳。

Mitbesitz は民法では「共同占有」と呼ばれている。しかしマルクス研究者の間では Gemeinbesitz が「共同占有」と訳されている関係上、混乱を避けるため、本書では Mitbesitz, copossession は、民法とは異なり、共占有とし、Gemeinbesitz は共同占有とする。

(29) 広西元信『資本論の誤訳』(こぶし書房)一二六、一八二頁。「マルクス『所有概念』への現代的訳注」(『経済評論』一九八七年二月)一四六頁。

(30) マルクス『諸形態』MEGA II /1.2, S.384,401.『資本論』第一巻、MEW 23, S.750

Mitbesitz を個々人レヴェルの共占有、Gemeinbesitz を集団レヴェルの共同占有とするここでの解釈は、前者を「共用占有」(剰余や果実に対する広義の共同占有のうち持分の制約のないもの)、後者を「共通占有」(持分の制約を伴うもの)とし、両者をいずれも共同占有の「様式」とする広西の解釈とは異なる（広西『左翼を説得する法』第1章Ⅳ）。筆者も彼の解釈を踏襲した経緯があるが（前掲拙著三一七頁）、その後の研究の結果、この解釈を維持することには無理があることが判明した。例えば、この説によれば、「共通占有」を支配的な占有様式とする中世の共同体所有地の占有者、並びに持分の制約のある剰余価値の占有者を、マルクスは「共用占有者」と呼んでいるという不合理が帰結するからである（『資本論』第一巻MEW23, S.750, 第二巻MEW24, S.335,453）。

とはいえ、今日に至るもなおMitbesitzとGemeinbesitzを無差別に「共同占有」と翻訳しているような研究状況（マルクス『資本論草稿集』２）の中にあって、広西がいち早く両者の差異に着目して訳し分けを行い、議論を喚起した点は大いに評価されるべきである。

(31) こうした用語法の重要性を最初に指摘したのは広西である（前掲書、一六頁以下）。

(32) 持分によるMiteigentumが支配的になったのはローマ法継受以後である（ミッタイス『ドイツ私法概説』創文社、一六五頁）。

(33) マルクス『資本論』第二巻、MEW 24, S.174,423,425

(34) マルクス『諸形態』MEGA Ⅱ /1.2, S.379.『資本論』第一巻、MEW 23, S.745,750

(35) マルクス『資本論』第一巻、MEW 23, S.750.『フランス語版資本論』MEGA Ⅱ /7,p.635

(36) マルクス『資本論』第三巻、MEW 25, S.452

(37) Marx, Engels Collected Works 22, p.335, MEW 17, S.343

(38) マルクス「暫定中央評議会派遣員への指示」MEW 16, S.195f. ちなみに、「労働に応じた利潤の分配」はプルードンやミルも同様に唱えていたことであり、第1回イギリス協同組合大会（一八六九年）で公式の路線として決定されている（富沢・中川・柳沢『労働者協同組合の新地平』日本経済評論社、八四頁）。他方の低率の利子配当も周知のように協同組合の基本原則になっている。

(39) マルクス「マルクスからエンゲルス宛の手紙」MEW 31, S.10

(40) 五八年四月二日、MEW 29, S.314

(41) MEW 36, S.426（一八八六年一月）。この手紙は時期的には『資本論』第二版の射程圏から離れてはいるが、過渡期に関する彼らの当時の考えを述べたものである。

(42) エンゲルス「住宅問題」第三篇（一八七三年二月）。MEW 18, S.282 注(1)で紹介したように、マルクスも「生産手段が私的所有から総有 Gesamteigentum〔social property〕に移されたと仮定しよう」と述べている（一八六九年八月。MEW 16, S.367）。

(43) 広西元信『左翼を説得する法』七〇頁。

(44) 前掲拙著、第11章3「現存市場社会主義の試行錯誤」参照。

(45) マルクス『経済学哲学手稿』国民文庫九八頁。MEW 40, S.511. ブレイからの抜書きではあるが、『哲学の貧困』には次のような一文がある。「われわれの新株式会社制度は、……生産物の個人的所有と生産力の共同所有とを共存させるようにとりきめられた一譲歩にすぎない……」。MEW 4, S.103

『ゴータ綱領批判』にも「個人的消費手段の他には何ものも個別人の所有に移りえない」とあ

る。MEW 19, S.20

(46) 参照文献：MEW 19, S.101,122,345, MEW 18, S.327,347f.

(47) マルクス、エンゲルス「インタナショナルのいわゆる分裂」（一八七二年三月）MEW 18,S.50

(48) エンゲルス「カール・マルクスの死によせて」MEW 19, S.345

(49) バクーニンによれば無政府とは、「宗教、貴族、ブルジョアのあらゆる力と権力を破壊すること、従って、現存するすべての国家を、それの持つ政治的、司法的、官僚的財政的なあらゆる制度もろともに破砕すること」であり、全面的な破壊を意味する（バクーニン「国際社会主義同盟の綱領」第2条、『革命教理問答』第23条）。MEW 18, S.431, 461

(50) バクーニン「国際社会主義同盟の綱領」第4条（MEW 18, S.461）

(51) 同前「国際兄弟革命組織の綱領と目的」第8条（MEW 18, S.466）

(52) 同前『革命教理問答』第23条

(53) 同前「国際兄弟革命組織の綱領と目的」第6条、8条（MEW 18, S.465f.）MEGA I /24 p.278

(54) 同前第9条、10条（MEW 18, S.466f.）MEGA I /24 p.278

(55) MEW18, S.346

(56) 参照文献：ウローエヴァ『不滅の資本論』第三章『資本論』フランス語版とその秘密の復刻版（一九七五年）。林直道『フランス語版資本論の研究』第I部フランス語版資本論の成立事情（一九七五年）二六頁。

MEW 18, S.636

(57) ibid.,S.638. これらと同じ趣旨の主張は「鞭のゲルマン帝国と社会革命」にも述べられている（『バクーニン著作集』3 白水社、一九七三年）四〇九頁。これらの個所についてはバーロ『社会主義への新たな展望』Ⅰ（岩波書店）三八‐四一頁でも言及されている。拙著、第8章、第10章でも論及。

(58) マルクス「ザスリッチ宛手紙（第二草稿）」（一八八一年三月）には次のような一節がある。「資本主義的所有を原古的な型の所有の高次形態、すなわち共産主義的所有で取り替える……」(MEW 19, S.398, MEGA Ⅰ/25 p.232)。マルクスが共同体的所有の立場を堅持していることはここからも分かる。

(59) エンゲルス『反デューリング論』MEW 20, S.129

(60) マルクス『経済学・哲学手稿』（一八四四年）MEW 40, S.539, 国民文庫一五一頁以下、「経済学批判への序説」（一八五七年）MEW 13, S. 633、エンゲルス「国民経済学批判要綱」（一八四三年）MEW 1,S.510 参照。

(61) MEW 19, S.238f. 先に述べたように共同占有 Gemeinbesitz は集団レヴェルの占有である。possession collective はそのことを明示している。共同所有の代わりに集団的所有 propriété collective が用いられることもある（「ザスリッチ宛手紙」MEW 19, S.390）。

第四章
マルクス、エンゲルスと共同占有

はじめに

われわれがまず問うべきなのは、共同占有(possession commune, Gemeinbesitz)とは一体何かということである。それが社会的所有でしかありえない生産手段の集団的占有（事実上の支配と利用）であることは無論だとしても、しかし「集団的」の意味は必ずしも自明ではない。

共同所有には所有主体の相違に応じて、共同体的所有や民法の共有、合有などの諸形態があるように、共同占有にも占有主体の集団に応じて様々な形態が存在しうる。例えば、主体が共同体の場合には、それは共同体的占有となり、主体が労働者の個別の協同組合の場合には協同組合的占有となる。その限り共同占有はこれらの特殊形態を包摂する一般概念である。それ故、共同所有の場合と同様、この用語が用いられるときには、その主体が何であるかについて常に注視する必要がある。前章で言及した『資本論』第一巻の件の個所の共同占有について言えば、それは一大協同組合、すなわち一国規模の協同組合が主体であり、またこの協同体は共同体そのものに他ならないわけだから、この場合の共同占有は、共同組合的占有であると同時に、共同体的占有でもあることになる。

まずはマルクスとエンゲルスの共同占有に当たるドイツ語の用例に即して見ておくことにしよ

う。一八五〇年代の後半にマルクスは『諸形態』で部族共同体による占有、すなわち共同体的占有の意味で共同占有を用いているが、エンゲルスはもっと早く一八四〇年代前半に既にこの用語またはそれに類するものを用いている。

1　初期エンゲルスの場合

初期エンゲルスにおける共同占有 Gemeinbesitz、gemeinsamer Besiz、共同体的占有 Gemeinschaftlicher Besitz の用例を、広西がまとめたもの〔「雑学回報」平成八年〔一九九六年〕九月二〇日〕に即し、一部補足・訂正しながら見ておくことにしよう。彼は次のようにまとめ、注釈し誤訳を指摘している（『　』内は邦訳。〔　〕内は広西による原語の紹介と訳語の訂正）。

㋑『大陸における社会改革の進展』（一八四三年一一月、MEW1, S.484）
「共同財産と訳されている。『サン・シモンとフーリェの企ては、国民の共同財産〔Gemeinbesitz〕とならずに個人的な議論の対象になったにすぎなかった。』」

㋺『国民経済学批判要綱』（一八四三年末〜四四年一月、MEW1, S.510）
「『本源的な土地領有〔Appropriation 先占〕すら、なおそれ以前に共同占有権〔gemeinsames Besitzrecht 共通の占有権〕という主張によって正当化されている。』」

㋩『近代に成立し今も存続している共産移住地』（一八四五年 MEW2. S.521）

「『Gemeinschaft der Güter……共有財産〔gemeinschaftlicher Besitz 共同体的占有〕にたいして平等の要求権』

㊟㋺の gemeinsamer Besitz と㋩の gemeinschaftlicher Besitz とが区別されずに、ともに、一般的な、共同財産の意味で使用されている。」

マルクスの場合。『ド・イデ』Ⅲ聖マックス（一八四四〜四五年 MEW3. S.190f.）

「『共同の占有権〔gemeinsames Besitzrecht 共通の占有権〕は私的所有の権利の想像上の前提としてとらえられている。』

㊟マルクスはエンゲルス説の引用で自説を述べている。Gemeinbesitz が私的占有の意味内容のものであることを、明確に自覚していない。

㋺と㋩とでは、gemeisam と gemeinschaftlich とが明確に区別されずに使用されていることに留意されたい。」

以上の「広西のまとめ」について若干コメントすることにしよう。

①㋑の Gemeinbesitz は「共同占有」と訳す必要がある。この場合の占有主体は共同体ではなく国民である。日本語としては共同財産の方がすわりのいい感じがするのは、おそらくいまだ占有という言葉が日常語としてあまり定着していないせいであろう。

㋺の共同的占有は共同体的占有の意味で用いられていると言える（ここでは gemeinsam を「共同的」と訳し、共同体的 gemeinschaftlich と区別することにする。従ってまた gemeinsamer Besitz の訳は「共同的占有」となる）。

②広西は Gemeinbesitz を一種の「私的占有」である「共通占有」、すなわち「持分を伴う個々人による共占有」と解釈しており（第三章、注(30)参照）、gemeinsam を「共通の」と訳すのはそうした解釈に由来する。「共通占有」とする解釈並びにそれと連なる「共通の」という訳語はいずれも訂正されねばならない。

③「聖マックス」の部分の原稿はエンゲルスの筆によるものであり、彼自身の主張を述べているとする説に従うならば、「マルクスの場合」とされている個所もエンゲルスの用例と見なされることになる。ここは「マルクスの場合」を削除し、㊁とすべきである。従ってこの場合の共同占有は㋺と同様である。

④広西は㊟で「㋺の gemeinsamer Besitz と㋩の gemeinschaftlicher Besitz とが区別されずに、ともに、一般的な、共同財産の意味で使用されている」と述べているが、いずれにおいても Besitz は占有の意味で用いられていると見ることができる。

以上のようにエンゲルスは共同占有並びにそれに類する用語をマルクスに先んじて用いている。

2 アジアの原古的共同体（『資本論』第二版）

マルクスの遺稿である『諸形態』における用例を直接に読む機会はエンゲルスにはなかったわけであるが、マルクスはそこにおいて共同占有を「共占有 Mitbesitz」から区別し、ゲルマン的所有形態に関する叙述の中で一度だけ用いている。次のごとくである。「だがしかし、例えばローマ人の場合のように、この公有地 ager publicus は私的所有者たちと並ぶ国家の特殊な経済的定在として現れはしない。〔ローマ人の場合〕その結果、私的所有者は、平民のように公有地の利用から閉め出され、〔利用権を〕剥奪されていた priviert 限りでは、厳密な意味で私的所有者 Privateigentümer そのものである。公有地はゲルマン人の場合には、むしろ個人的所有の補完としてのみ現れ、またそれは、敵対する諸部族から一つの部族の共同占有として闘い守られる限りでのみ、所有という姿をとるにすぎない(1)」。ここで問題にされているのは一つの部族共同体による公有地の集団的占有であり、したがってこの場合における共同占有は「共同体的占有」に対して用いられていると言える。

部族共同体が対他的には公有地の占有主体だとしても、それを実際に占有するのは個々の共同体員である。彼らが公有地を実際に占有する際には一定のルールという形での共同の占有様式が不可欠である。この占有様式を定めるのは「共同体員の総体」(2)だから、共同体的占有は単に「占有主体」のみならず「占有様式」から見ても「共同体的」なのである。

次は独語版『資本論』であるが、そこではゲマインシャフトリッヒな占有となっている表記に対してマルクスは仏語版では possession commune を当てている。しかしゲマインシャフトリッヒ自身に共同的と共同体的の両義がある。この表記は独語版『資本論』では二個所(第一巻と第三巻)で使用されており、いずれも、国家が土地を所有するとされるアジアの専制国家（インド）における農業について論じた個所に登場する。

その一つは次のとおりである。「例えば、部分的には今日なお存続しているインドの太古的な uraltertümlich 小共同体は、土地のゲマインシャフトリッヒな占有と農業と手工業との直接的結合と、固定した分業とを基礎にしており、この分業は、新たな共同体の建設に際しては、与えられた計画および設計図として役立っている。このような共同体は自給自足的な生産完結体を成している。……インドでも地方によって共同体の形態は違っている。もっとも単純な形態では、共同体は土地を共同で耕作して土地の生産物を成員の間に分配し、他方、各家族は紡いだり、織ったりすることを家庭的副業として営んでいる(3)」。

マルクスのここでの叙述は、彼の注にもあるように、キャンベルの『現代インド』における共同体の区分に準拠している。キャンベルは、土地所有者団体が村落に属するすべての土地を共同所有している「民主共同体」と一人の村長を持つ「単純共同体」の二つに共同体を類型化している。彼は単純共同体（村落）を「本源的な型」と見なしており、その限り「民主共同体」は二次的なものである。

マルクスの言う「太古的な小共同体」、土地を共同で耕作し生産物を成員に分配する生産完結体はキャンベルの分類では「民主共同体」に当たる(4)。しかしマルクスにはこちらの方を「本源的な型」と見ている節がある。「ザスリッチ宛手紙」によってそれを確認することができる。というのも、この手紙におけるマルクスの図式に従えば、キャンベルの場合とは順序が逆転し、民主共同体は「一層原古的な共同体」であり、単純共同体はそれに続く同様に原古的な「農耕共同体」の最終局面ないしはこの局面に直接続く第二次構成体ということになるからである(5)。

『資本論』ではマルクスは『諸形態』以来の国家的土地所有説に立っているので(6)、共同体を所有主体とするキャンベルとはさらに異なり、共同体は占有主体と見なされることになる。かくしてゲマインシャフトリッヒな占有は「国有地を共同体が占有している」という意味での共同体的占有の意味を帯びることになる。ここでも共同占有（ホゼッシオン・コミューヌ）は「共同体的占有」に適用されていることが分かる。とはいえ、「共同体的占有」という言葉を、国家的土地所有説からすれば論理的に自明な事態、すなわち「所有」ではなく「占有」であることをもっぱら指摘するためにここで用いられていると見るのは当を得ないであろう。占有には対象、主体、その様式という三つの要素がある点からすれば、この言葉は、自明な占有主体を単に確認するためというよりは、「共同で耕作して土地の生産物を成員の間に分配する」という共同占有の「様式」を示すためにも使用されていると見るべきである。また占有対象となる土地は、ゲルマン的形態におけるように単に「公有地」に留まるものではなく、耕地にも及んでいることが分かる。

もう一つの事例は『資本論』第三巻におけるものであり、土地所有者を国家とし、租税を地代とする前段での叙述に続く次の一節である。「このような事情のもとでは、従属関係は、政治的にも経済的にも、国家に対するすべての臣従関係に共通な形態以上に苛酷な形態をとる必要はない。国家はここでは最高の領主である。主権はここでは全国的規模で集積された土地所有である。その代わりこの場合にはしかしまた、土地の私的ならびにゲマインシャフトリッヒな占有や用益は存在するにしても、私的土地所有は存在しない(7)」。

ここには「私的占有」という先の引用文には見られなかった用語も登場するが、マルクスがこれをアジア的形態について論じた『諸形態』の個所で用いていることは既に前章で述べたとおりである。この一節もキャンベルの先の分類を念頭に置いたものと見なすことができる。というのも、キャンベルによれば「単純共同体」では土地は個別に所有されているからである。しかし国家的土地所有説の立場からすれば、それは私的占有地に他ならず、それ故「私的占有」には、この占有地の各自による個別経営と生産物の個別的領有という占有様式も込められていると見ることができる。

今しがた引用した第三巻の部分の認識内容は第一巻と同様なので、同時期に属するものと考えられる。この場合のゲマインシャフトリッヒな占有にも第一巻のポゼッシオン・コミューヌ（共同占有）は適用可能であり、かくして共同占有はここでも「共同体的占有」に対して用いられていることになる。

以上われわれは、マルクスによればいずれも原古的なアジアの共同体に関する使用例に即して、その特性描写としてのゲマインシャフトリッヒな占有の意味を検討してきた。その結果、それらはいずれも、占有の主体と様式を含めた共同体的占有を意味するものであることが判明した。もちろんエンゲルスはマルクスのこのドイツ語表記を知っていたわけであるが、そうだとすれば『資本論』第三版の件の個所で彼は possession commune に対して「ゲマインシャフトリッヒな占有」に代えてあえてゲマインベジッツを適用したことになる。その決定的な理由は、それ以前にエンゲルスが共同占有のマルクス的用法に、『反デューリング論』の執筆の時を含め、三度にわたり直接触れる機会があったこと、さらにその後、『資本論』第一巻の改訂のための、マルクス自筆の二つの「指図書（変更一覧）」を見ることができたことなどによると言えよう。それ故、まずはこの「三度の機会」についての検討から着手するのが順当である。

3　共同占有をめぐる両者の直接的な意思疎通

A　『反デューリング論』のゲマインベジッツについて

前章で述べたように、エンゲルスが共同占有のマルクス的用法に直接触れたのは『反デューリング論』の執筆の時が最初である。デューリングは引用の際になぜか誤り（エンゲルスよれば彼は「頑強に間違った引用をする」とのこと。MEW20, S.122）、『資本論』第二版からの引用文中の肝心の共同所有 Gemeineigentum を、共同所有の意味で Gemeinbesitz と誤記している。その時には既に仏語版『資本論』が出版されていたわけだから、そこでは第二版における件の個所の共同所有が共同占有 possession commune に改訂されており、これに対しては Gemeinbesitz を当てることも両者の間で当然話し合われたものと考えられる。ゲマインベジッツを当てた場合、字面だけからすれば、デューリングの誤記による表記は仏語版をドイツ語で表記した場合と同一になり、独語第三版（一八八三年一一月）をいわば先取りした形になる。

こうした諸事情のため、マルクスとエンゲルスは、上記のような引用を含むデューリングの問題の一節への対応に苦慮し、その表現は屈折したものにならざるをえなかったものと考えられる。そうした苦慮と屈折は、デューリングの引用部分のゲマインベジッツを単刀直入に誤りとするわけにもいかず、「マルクスの原文では共同所有」であると指摘するに留まった点や、「古い本源的な共同所有の再建を意味するものではなく、はるかに高度の、一層発展した共同占有Gemeinbesitz の形態を打ち立てることを意味する」という具合に、ゲマインベジッツをエンゲルス自身の地の文中に用いた点にも見て取ることができよう（第三章注59）[8]。

B 「フランス社会主義労働党綱領」前文のマルクスによる口述

二度目に直接触れたのは、「フランス社会主義労働党綱領」草案の前文をマルクスが口述した折りである（一八八〇年）。そこでは次のように述べられている。

「生産者は生産手段を占有 possession する限りでのみ自由でありうること、生産手段が生産者に所属しうる形態は二つしかないこと、すなわち、

1．個人的形態――この形態はかつて普遍的事実として存在したことはなく、また工業の進歩によってますます排除されつつある――、

2．集団的形態――この形態の物質的・知的諸要素は資本主義社会の発展そのものによって作り出されている――、のどちらかであること、……」[9]。

エンゲルスはこの口述を聞いて「この簡潔な語法には私自身驚嘆させられました」と述べているが[10]、その際、彼は占有の集団的形態すなわち集団的占有 possession collective を当初は共同的

占有 gemeinsamer Besitz と独訳し、後には、『反デューリング論』の場合と同様に、共同占有 Gemeinbesitz としている。(11)

マルクスの「ラファルグ宛手紙」（五月四日）と「ゾルゲ宛手紙」（一一月五日）からすると、五月一〇日ごろにロンドンのエンゲルスの家で、差し迫ったフランスの普通選挙に向けて、労働者に対する選挙綱領を作成するために相談が行われ、そこにはマルクス、エンゲルス、ジュール・ゲード（フランス労働党創立者の一人）、ラファルグ（マルクスの娘婿）が参加した。この相談は二、三日続いた可能性もある。その時の手書きの文書原文は伝えられていない。

マルセイユで社会主義的な労働者の第三回大会（一八七九年一〇月二〇～三〇日。労働党の事実上の第一回大会 MEW35.Anm.130）が行われ、フランス社会主義労働党の結成が決議されたのに伴い、綱領の必要性が痛感されるに至った。ゲード並びに『エガリテ』紙を中軸に結集した人たちは、プログラム（綱領）の作成とその仕上げを彼に委ねた。ゲードは、抑留されていた間（一八七九～八〇年）に既に作成していたプログラムを『エガリテ』（八〇年一月二一日）に公表した。その後、四月にはアナーキズム系や改良主義系の幾つかの派がプログラムを作成し公表した。ゲードはプログラムを仕上げる必要に迫られていた。

彼は一八七九年の初め以来マルクスと手紙による接触を持っており、マルクスとエンゲルスは社会主義労働党の形成を巡る彼の努力を高く評価していた。そうした事情から、彼は両者からプログラムを仕上げるための支援を受けることができた。前文を含む綱領は『エガリテ』（八〇年六月三〇日）に掲載され、ル・アーヴル大会（一一月一五〜二〇日）で、若干修正のうえ採択された。労働党はその後綱領を巡って分裂し（八二年九月二五日）、マルクス派は独自の大会を開いて八〇年綱領の堅持を決めた。(12)

C 『共産党宣言』ロシア語第二版序文の共同執筆

三度目は『共産党宣言』ロシア語第二版序文の共同執筆の折である（一八八二年）。そこでは次のように述べられている。

「『共産党宣言』の課題は、近代のブルジョア的所有の解体が不可避的に迫っていることを宣言することであった。ところがロシアでは、資本主義的眩惑が急速に開花し、ブルジョア的土地所有が正にようやく発展しかけているその反面、土地の大半が農民たちの共同占有になっているのが見いだされる。そこで次のような問いが生ずる。ロシアの農民共同体、すなわちひどく崩れてはいるが太古の uralt 土地共同占有の形態は、直接に共産主義的な共同占有という高次形態に移行できるであろうか。……

これに対して今日与えることのできる唯一の回答は次のとおりである。もし、ロシア革命が西欧のプロレタリア革命に対する合図となって、両者が互いに補い合うならば、現在のロシアの土地共同所有は共産主義的発展の出発点として役立つことができる」[13]。

　見てのとおり、ここでも共同占有は「共同体的占有」に適用されているが、それと同時に共同所有という概念も使われており、しかもそれらにはいずれも高次形態への出発点という同じ位置付けが与えられている。そのため両概念は、先に言及した『反デューリング論』におけるエンゲルスのゲマインベジッツの用法と同様に（前章の注(59)）、ここでも相互に置き換え可能な同義語として無差別に用いられていると従来は見なされてきた。彼ら両者はこれらの概念をいまだ十分に識別していなかったとの「疑念や批判」なるものが生じたゆえんでもある。後年エンゲルスがこの段落をロシア語から反訳した際に、彼は上記の共同占有の個所をすべて共同所有あるいは土地所有と表記したわけであるが、このことはそうしたあらぬ疑念をさらに増幅させた[14]。

　それはともかく、ロシアの農民共同体に対して「共同占有」という用語が適用される理由について簡単に確認しておくことにしよう。占有主体の方は自明であるが、他方の占有様式についてては多少の説明が必要である。

　「ザスリッチ宛手紙」（第三草稿）によれば、ロシアの農耕共同体は「原古的共同体」の最後の段階にあり[15]、分割耕作で各自が経営し、成果を個人的に領有する（我がものにする）とはいえ、依然として共同占有の対象は、耕作者の「屋敷地」を除き、共同体の支配地全体にまで及び、「耕地の定期的割替」が行われている。「割替」というこの占有様式は共同体が定めたと見なされる限り、共同体が占有様式を支配していると言うことができる。かくしてここでも共同占有には占有様式が含められていると言える。

この手紙の「第一草稿」でマルクスは、彼と同時代のロシアの共同体を「農耕共同体」と見なすだけでなく、これまた同時代に存在したインドの共同体やタキトゥス時代のゲルマン共同体をもそれと同型のものとしている。[16]「占有主体である共同体が定めた占有様式によって占有対象が用益される」のが共同占有だとすれば、農耕共同体に先行する、それよりも「一層原古的な」ないしは「最も原古的な」共同体に対しても共同占有概念が用いられるようになるのは自然な成り行きである。マルクスは仏語版『資本論』の段階ではその方向に進んでいたと見ることができる。

マルクスが生前に公表された文献で共同占有概念を用いたのはこれが最後であるが、エンゲルスはその後もしばしば用いており、『マルク』でもそれは同様に「共同体的占有」に対して用いられている。[17]さらに『共産党宣言』「一八八三年ドイツ語版序文」で、彼はその根本思想を要約した一節の中で次のように述べている。

「歴史上の各時代の経済的生産とそこから必然的に生ずる社会の編成とがその時代の政治的ならびに精神的歴史の基礎を形成すること、したがって（太古の uralt 土地に対するゲマインベジッツの解体以来）全歴史は、階級闘争の歴史であったということ、……」[18]。この用語はここでは共同所有と同義に用いられているようにも見えるが、占有を所有に先行するものとする認識や、占有を重視する立場が反映されていると見ることができよう。

民法典論争以前に法思想の薫陶を受けたとはいえ、マルクスには共同占有を共同所有と同義に用いた形跡は見当たらず、先のロシア語第二版の序文を共同執筆した際にも両概念の区別は当然自覚されていたはずである。というのも、いわゆる農奴解放後のロシアでは共同体による土地の共同占有のみならず、共同所有も広範に行われていたからである。彼ら両者は共に、ロシアにおける共同体による土地の共同体的所有は農地の約半分を占めるとの認識を示しており、「ザスリッチ宛手紙」の中には次のような一節がある。「だが、この共同体に対して、国有地を別とすれば、土地のほとんど半分を、しかもより良好な部分をその掌中に握っている〔地主の〕土地所有がそびえ立つ。こうした面からして、『農村共同体』を引き続き発展させながら維持することが、ロシア社会の全般的運動と合致するのであり、この社会の再生はこうした代価にかかっている(19)」。

以上の検討を通じてわれわれは共同占有に関するマルクスとエンゲルスの用例を究明し、その大部分は、『諸形態』におけるゲルマンの共同体や、インドやロシアの太古的と見なされる共同体の場合などのように、古代や中世の共同体的占有に対し用いられていることを見てきた。共同体的占有が大部分を占めるという事情は、彼らの時代に歴史上その実在が確認できた共同占有は共同体的占有であることを反映するものであろう。近代や未来に関しては集団が「国民」である共同占有や集団的占有であることを強調したものがあることも確認できた。

4　二つの「変更一覧（指図書）」と『資本論』仏・独・英語版

A　二つの「変更一覧」の内容

共同占有という用語が登場する『反デューリング論』の部分（一八七七年の五月頃に『フォアヴェルツ』紙に掲載）と出版されずに終わった『資本論』「アメリカ版」用の変更一覧（一八七七年の九～一〇月に執筆され、アメリカに郵送）、この二つは同時期に所属すると見なすことができる。

エンゲルスは自分が監修した英語版『資本論』（一八八六年）の序文で、マルクス自筆のアメリカ版用の変更一覧と独語第三版用のもう一つの変更一覧（一八八二年一〇月～八三年一月）について言及している。前者についてはハ五年のゾルゲからの手紙で知り、八六年の初めにはこれを入手し、英語版の監修の際には利用できたが、独語第三版（一八八三年）ではできなかった（MEW 36,S.430,476）。二つの変更一覧の間には五年に及ぶ経過があり、エンゲルスは後者を重視している。possession commune に関係する個所の二つの指図書における変更の内容は次のとおりである。

ⓐインドの太古的共同体の部分（MEW 23. S.378）については、どちらの「指図書」にも変更に関する記述はない。

ⓑ第24章7節の部分に関しては、アメリカ版用「指図書」では仏語版の当該部分と「比較せよ

vergleich」とあるのに対し、第三版用の「指図書」では仏語版に従い「翻訳する übersetzen」と記されている。[20]

ここから直ちに確認できるのは、『資本論』第三版は、上記の二個所に関する限り、マルクスのメモに忠実に従って改訂されたものであるということである。問題の共同占有 Gemeinbesitz は、マルクスのメモどおり仏語版に従いエンゲルスが翻訳したものであるし、もう一つのインドの太古的共同体に関する共同体的占有 gemeinschaftlicher Besitz も、マルクスのメモには何も記されていなかったので従来のまま存置したものである。

B　仏語・独語版の用語の不整合と仏語版への統一

エンゲルスが『資本論』第三版において共同所有に替えて共同占有を用いた理由は、以上によって明らかになった。その限りでは確かに一件落着ではある。だがしかし上記のような改訂に伴い、仏語版と独語第三版の間には用語の不整合という新たな問題が生ずることになる。というのもマルクスは、仏語版では共同占有と共同体的占有のいずれに対しても possession commune と同一の表記を用いているのに、独語版ではそれらに対し別個の独語を当てることを考えていたという帰結になるからである。確かにマルクスの自家用のメモでは仏語版のポゼッシオン・コミュヌに従い「翻訳する」個所は一か所だけであるが、しかしそうすべき個所は「共同体的占有」の部分にも及ぶのではないかという推測が生ずるゆえんである。

マルクスは仏語版でポゼッシオン・コミュヌを「共同占有」という意味で用いたが、彼の意図としては、その場合の「共同的commun」とは「集団的に共同的」という意味である。「ザスリッチ宛手紙」では、農耕共同体よりも一層原古的な共同体について「耕作も集団によって、共同でen commun」とか「生産はen communで行われ、ただ生産物だけが分配された。この協同的ないし集団的生産production collective」とされており、(21) communは「集団的に共同的」を意味している。彼は共同所有にはpropriété communeを当て、共同体的所有にはpropriété communaleを用いているのだから(ibid.,S.388f.)、共同体的占有ならばpossession communaleとするはずである。

エンゲルスも後にはそうした認識に至ったものと考えられる。なぜなら、彼が監修した英語版では二箇所ともpossession in commonとされているからである。仏語版の表記をマルクスの最終的な考えと見なしたのであろう。in commonは仏語のen communに当たるとすれば、仏語版に忠実であると言えよう。(22)

C　仏語版におけるポゼッシオン・コミュヌへの用語の統一について

残る問題は、マルクスがポゼッシオン・コミュヌ（共同占有）に統一したのはなぜかということになる。その答えは、「最も原古的な型――集団的な生産と領有――」の社会、「集団的な所有と生産の〝原古的な〟型」の社会の「高次形態」への復帰を繰り返し唱え、「資本主義的所有を原古的な型の所有の高次形態、すなわち共産主義的所有で取り替える」と述べているマルクスの言葉に求めることができるであろう。(23)

先にも述べたように、一層原古的な共同体では「生産は集団的に共同で行われ、生産物だけが分配される」のであった。共産主義社会でも集団的な共同占有の対象領域はすべての生産手段に及び、生産は集団的に共同で行われる。共産主義社会は「原古的社会の型の高次形態における復活」と見なされるゆえんである。(24) 占有の名称を一つにすれば、この復活・復帰を一目瞭然なものにすることができる。確かに共産主義社会も新たな共同体ではあるが、しかし共同体的占有という名称は「原古的」なるが故に、高次形態の占有の名称としては不適当であると判断された可能性が考えられよう。

5　その後のエンゲルス：「共同占有の土台は準備されている」

これまで見てきた共同占有の具体的な形態や事例は、原古的な共同体や中世ヨーロッパの共同体に関するものがほとんどであった。しかしマルクスやエンゲルスは来るべき社会の共同占有についても語っているのだから、同時代の社会に則した共同占有の具体的イメージを彼らは当然持っていたはずである。前章の第一節で『資本論』第二版に即して「獲得されたもの」としての「共同所有」について述べたが、第三版では共同所有が共同占有に改訂されただけであることからも容易に推察できるように、共同占有の対象は共同所有のそれと同一であり、従って前章で「資本主義時代に獲得されたもの」としての「共同所有」について述べたことは、「共同占有」にもそのまま当てはまる。つまり、労働者による集団的占有としての共同占有は事実上ないしは潜勢的に獲得されていると彼らは見ているわけである。

それを疑念の余地なく明言しているのがエンゲルスの次一文である。「フランス労働党綱領前文」における「生産者は集団的に占有する限りでのみ自由であることができる」とする主張を踏まえ、生産手段の共同占有を「獲得すべき唯一の主要目標」として掲げつつ、彼は次のように述べている。「これは、すでにその土台が準備されている工業にとってだけでなく、全体として、従って農業にとってもそうなのである[25]」。

工業に即して言えば、共同占有の対象である生産手段はすでに工場の大規模な生産設備として存在し、また資本家に替わる占有の潜勢的な主体は労働者階級として登場してきている。占有の様式について言えば、共同労働の方は、工場における大規模な集団労働として実現されているが、しかし他方の生産物の分配は、厳しい搾取を伴う労働賃金を介した商品の購入という形をとり、労働に応じた分配からは程遠い状態にある。このように共同占有の土台となる諸要素の準備の程度は、ほぼ実現されているものから萌芽的なものまで、一様ではない。しかし彼らは、既にその土台は基本的に準備されており、その限り共同占有は資本主義時代に潜勢的に獲得されていると見なしたものと思われる。

この潜勢態を現実態に転化させるもの、それこそは社会主義革命に他ならない。革命によって共同占有の三要素はこの占有に適合した方向に大幅に改革され、かくして資本主義社会を「一国一工場」体制としての「一大協同組合」である協同体に転成させることが構想されたわけである。はたして生産者による集団的占有（共同占有）は、マルクスがそう考えたように、生産者の自由を実現できるであろうか？これが次の検討課題である。

〈注〉

(1)　マルクス『諸形態』国民文庫二三頁、MEGA Ⅱ/1.2, S.388.

(2)　エンゲルス『マルク』MEW19, S.320

(3)　マルクス『資本論』第一巻、MEW23, S.378, 大月書店の全集版ではゲマインシャフトリッヒな占有を「共有」と誤訳。『フランス語版資本論』（法政大学出版局）でも同様に誤訳。筑摩書房版では「共同所有」と誤訳。

マルクスの叙述からすれば、この引用文に続く部分は民主共同体の組織構造を描写したものになるが、しかしキャンベルでは他方の「単純共同体」のそれを描写したものである（「裁判官と警察官と徴税官とを一身に兼ねている『人民の長』。……記録する記帳人。……境界管理人。……水の監視人。……洗濯人。銀細工師。ところによっては詩人。」)。詳しくは、拙著第4章一〇四頁、一一〇頁。

(4) Campbell, Modern India p.84. 拙著第5章一一七頁で詳述。

(5) MEW19, S.388.「ザスリッチ宛手紙」では、原古的 archaïque 共同体は二段階に区分されている。一つは「一層原古的な共同体」であり、そこでは生産は共同で行われ、生産物だけが分配される。それに続くのが「農耕共同体」である。ここでも耕地は依然として共同所有であるが、しかし耕地は定期的に割替えされ、各耕作者は自分に割り当てられた耕地を自分の計算で用益し、その果実を個人的に領有する。

(6) マルクス『諸形態』MEGA Ⅱ/1.2, S.380.「総括的統一体〔国家〕は……唯一の所有者として現れ、したがって現実の共同体は世襲的な占有者としてのみ現れる……」。ちなみに、「ザスリッチ宛手紙」では、『資本論』とは異なり、「共同体的所有説」がとられている。

(7) マルクス『資本論』第三巻、MEW25, S.799. 邦訳全集版(大月書店)ではゲマインシャフトリッヒな占有を「公共的占有」と誤訳。

(8) 仏語版での改訂をおくびにも出さず、もっぱら『資本論』の第二版に言及を限定したのも、話が煩雑になるのを避けるための『フォアヴェルツ』の読者に対する配慮だったとすれば、諒解できないことではない。

加えるに『反デューリング論』は、上層部を含め、社会民主党に当時拡大しつつあったデューリングの影響を減殺し排除するために、ゴータの党大会（七七年五月二七〜三〇日）に照準を合わせて、年初来『フォアヴェルツ』紙上に連載されたものである。その読者たる党員に対する配慮は不可欠であり、その文面は彼らを意識したものになるのは当然である。ちなみに、第一篇に当たる部分の最終掲載日は五月一三日であるから、「否定の否定」に関する部分はその頃にはすでに読者の手に渡り、代議員たちはそれを読んだうえで大会に参加できたはずである。

(9)　マルクス「社会主義労働党綱領」前文 MEGA I/25, S.208, MEW19, S.238

(10)　エンゲルス「ベルンシュタイン宛手紙」（一八八一年一〇月二五日）MEW35, S.232

(11)　エンゲルス「フランスとドイツの農民問題」（一八九四年一一月）MEW22, S.491. 後に述べるように、この手紙の時点で彼は既に『資本論』第三版用のマルクス自筆の「変更一覧」を読んでおり、そこでの指示に従ったことにもなる。

(12)　参照文献：MEGA I/25（Apparat）S.802ff, MEW34, S.444,475, MEW35, Anm.107

(13)　マルクス、エンゲルス「『共産党宣言』ロシア語第二版序文」MEW19, S.296. ロシアの共同体を「太古の」土地共同占有の形態とする点については、二〇世紀初頭におけるいわゆる「マルク共同体論争」の中で否定的な見解が提出されるに至ったが（ドプシュ『ヨーロッパ文化発展の経済的社会的基礎』創文社、五五頁、八六頁）、同様の見解がロシアではすでに一九世紀末にプレハーノフ等によって唱えられている。耕地の定期的割替え慣行を伴うロシアの共同体は、彼によれば「近代になって国家が上から作り出したもの」であり、「すべての男性に人頭税を課税する」ためのものである（保田孝一『ロシア革命とミール共同体』御茶の水書房、二五頁以下)。

⒁　エンゲルス「『共産党宣言』一八九〇年ドイツ語版序文」ならびに「ロシアの社会状態への後書き」MEW22, S.55,421. こうした表記上の差異は、反訳という事柄の本性上、基本的にはロシア語に制約されていると言えよう。

⒂　MEGA Ⅰ/25, p.236, MEW19, S.402,404

⒃　MEGA Ⅰ/25, p.223, MEW19, S.387

『ガリア戦記』や『ゲルマニア』にはゲルマンの原古的共同体に関する次のような記述が載っている。

「スエービー族の間では個別の私有地がなく、居住〔耕作?〕の目的で一個所に一年以上とどまることも許されない。穀物をあまりとらず、主として乳と家畜で生活し、多くは狩猟に携わっている。」(『ガリア戦記』Ⅳ—1)

「首領や有力者〔役人や首長?〕は毎年一緒になった部族やあるいは血族に適当な場所と土地を割り当てるが、翌年になれば他へ移動させる。」(Ⅵ‐22)

「ゲルマニア諸族には一つも都市に住むものがないこと、また彼等はその住居が互いに密接していることに、耐えることさえできないのは、人の知るところである。彼等は、泉が、野原が、林が、その心に適うままに、散り散りに分かれて住居を営む。彼等は村を設ける際に、われわれのごとくに家屋を接続し、合着させる様式によらない。」(『ゲルマニア』第一部16)

「可耕地は先ず耕作する者の数に応じて、全体としての郷によって占有され、次いで耕作者相互の間において、各人の地位に従って分配される。分配の容易さは、土地の広さが保障する。年々彼等は耕地を取り替えるが、しかも可耕地はなおあり余っているのである。」（同前26頁）

⑰ MEW19. S.321.『マルク』（一八八二年）において彼は「ドイツの征服者たちは……森林と放牧地に対する共同占有と分割地にも及ぶマルクの上級支配権とを伴うドイツのマルク制度を至るところに導入した」と述べている。

⑱ MEW21. S.3. 邦訳全集版（大月書店）では「土地共有」と誤訳。この個所は英語版の序文にも組み込まれ、（　）括弧の中の当該部分はそこでは land in common ownership とされている。『資本論』の英訳（エンゲルス監修版）ではゲマインベジッツは possession in common である。エンゲルス『家族、私有財産および国家の起源』にも次のような同様の意味の用例がある。「いつどのようにして畜群が部族または氏族のゲマインベジッツから個別家長の所有に移行したか、これについては今までのところわれわれは何も知らない。」MEW21,S.157. 邦訳全集版では「共有財産」と誤訳。

⑲ MEGA Ⅰ/25. S.229. エンゲルス「ロシアの社会状態への後書き」MEW22. S.425. 共同体的所有についてはエンゲルス「亡命者文献 5 ロシアの社会状態」MEW18. S.563-5. マルクス「ザスリッチ宛手紙」MEGA Ⅰ/25. S.226-7.

一九〇五年時点の農民分与地の所有形態は次頁の表のとおりである。（保田、前掲書二九九頁）

この表における共同体所有数の圧倒的比率は、「序文」が書かれた当時にも、文字どおり「大

農民の種類＼土地利用形態	世帯数（100万）		世帯数（100万）	
	共同体所有数	%	世帯別所有数	%
旧領地農民	4.0	69.6	1.7	30.4
旧国有地農民	4.4	82.8	0.9	17.2
旧御料地農民	0.427	98.6	0.006	1.4
合　計	8.827	77.2	2.606	23.8

半」の農地では共同占有が行われていたことを物語っている。共同所有地と地主所有地はほぼ半々という認識は旧領地農民と旧国有地農民の世帯数を反映するものであろう。

世帯の中には解放の初期段階では純然たる共同占有に留まっていた世帯も少なくないとすれば、共同占有は共同所有よりもはるかに広範に行なわれていたことが推測されよう。

⒇ MEGA II /8, S.19,35

(21) MEW 19, S.388, 402

(22) 当該個所の独・仏・英語版を表示すれば次頁のとおりである（MEW 23, S.378,791）。

(23) マルクス「ザスリッチ宛手紙」MEW 19, S. 390,392,398

(24) ibid., S.386

(25) エンゲルス「フランスとドイツの農民問題」MEW 22, S.492f. 強調は引用者による。

	独語第二版	仏語版	独語第三版	英語版
インドの太古的共同体	gemeinschaftlicher Besitz	possession commune	gemeinschaftlicher Besitz	possession in common
共産主義社会	Gemeineigentum	possession commune	Gemeinbesitz	possession in common

もう一つの英訳『資本論』（ポール版、1928 年）では、gemeinschaftlicher Besitz は communal ownership とされ、他方の Gemeinbesitz は commom ownership と訳し分けられており、独語第三版に従っている。

第五章
一大協同組合による共同占有とデスポティズム

1　過渡期における共同占有＝個々の協同組合による集団的占有

マルクスとエンゲルスの構想によれば、資本主義社会と社会主義社会の間には革命的転化の時期である過渡期がある。エンゲルスによれば、それは「おそらく短い、いくらか不足がち」の時期である。(1) 市場経済が廃止されるのは社会主義段階であるから、計画経済がなお部分的・補完的なものに留まる間は、そこでは市場にもとづく商品経済がなお大きな比重を占めつつ存続すると見なされる。それ故この時期は、市場原理と計画原理とから成る混合経済体制であると言うことができる。とはいえ、社会を協同組合的性格のものにするため、生産様式に関しては、協同組合を基盤にした連合的生産様式への速やかな転換が図られる。

過渡期における協同組合には、労働者が自主的に設立したものも確かに存在しうる。そこでは協同組合の三原則（自主的な経営管理・利潤分配制・従業員持株制）が貫徹し、株主には低率の利子が配当される。しかし協同組合の大半を占めるのは、「国民の資金」（税金）で助成され設立されたもの(2)や国家によって収用された資本家の株式会社から転換されたものであろう。(3) こうした準国有ならびに国有の協同組合の場合、労働用具は国家から借用していると見なされるから、共同占有するためにそれを獲得した労働者は、国家に対し賃借料を支払うことになる。(4) 資本家の株式会社から協同組合への転換は、前者を換骨奪胎して連合的株式会社にすることによって、すなわち連合した生産者たる経営者と労働者による労働手段の共同占有（自主的な経営管理）と利潤分配制による利潤の共占有にもとづく連合体に転換することによって達成される。従って、協同組合の大部分は国有であると見なすことができよう。無論、国有の場合には、協同組合の三原則は二原則に縮減している。しかし国有とはいえ、それらの協同組合は、この過渡期においては所有と経営の分離にもとづき、自主的に経営されるので、経営形態は民営ということになる。かくして労働者が自主的に設立した協同組合や資本家の株式会社から転換された協同組合などを基盤とした市場にもとづく連合社会が形成される。

これらの協同組合はそれぞれ自立した生産単位を形成し、その生産物は市場を仲介して交換される。従って生産手段の共同占有は、生産者の集団である個々の協同組合によって生産単位ごとに行われることになる。個々の協同組合によるこの共同占有こそは過渡期における集団的占有の具体的現実的な形態に他ならず、それ故われわれはそれを協同組合的占有と規定することができるであろう。

協同組合では、個々の生産者は組合員という資格において平等であり、そこには権力的な支配・被支配の関係は存在しない。利潤は労働に応じて分配されるわけだから、協同組合的占有によって搾取や階級が発生することは原理上ありえない。その限りでは確かにマルクスが言うように「生産者は生産手段を占有する限り自由である」と言うことができるであろう。

過渡期のこの連合社会では市場経済が存続し、その限り市場競争の存続も不可避である。しかし市場競争は、一方では労働者の悲惨を、他方では経済的不合理をもたらす元凶として、幾多の社会主義者たちによって繰返し槍玉に挙げられてきた当のものである。市場競争の存在は、各協同組合ないしは生産単位内部の生産者間ではアソシアシオン＝連合が実現されるにしても、競合関係にある協同組合相互間にはそれが存在しないことを意味する。連合の理念からすればしかし、こうした事態は連合がいまだ部分的、一面的なものに留まっていると見なされよう。そこで過渡期社会では、すべての協同組合の総連合による「共同の計画にもとづいて全国の生産を調整する」ことが必要になり、さらには国家が「協同組合の特殊諸利害が、社会全体に対立した形で、固定することがないようにする」ことも必要になる。

しかし連合の全般化を達成し経済的不合理を解消する道は、市場競争の法的な規制やコントロールではなく、サン・シモン派やフーリエ派、カベ、ワイトリング、ブランキ、ブレイなど、多くの論者によって、市場の端的な廃絶に求められてきた経緯がある。[5] プルードンやJ・S・ミルとは異なり、マルクスもまたそうした道を選択した一人であるが、かくして連合の全般化という目的を実現するために、市場経済に代わるものとして、「一国一工場」構想が、すなわち市場を廃止した計画経済が唱えられることになる。[6]

2　社会主義社会における共同占有＝一大協同組合（協同体）による共同占有

A　以下の考察の諸前提

まずは以下の考察の前提となる確認済みの諸事項を列挙しておくことにしよう。

①マルクスとエンゲルスは、社会主義社会（共産主義の第一段階）を「一国一工場（一国一会社）」体制として構想していた（『反デューリング論』MEW 20, S.276. 詳しくは本書第一章3B）。

②市場廃止の計画経済体制である社会主義社会には、計画経済を担う経営管理機関が不可欠である。マルクスは共産主義社会の国家を、従来の政治的国家とは区別し、非政治的国家とする（「バクーニン『国家制と無政府』摘要」一八七四〜七五年）が、この経営管理機関が「共産主義社会の国家制度」（『ゴータ綱領批判』一八七五年五月）である限り、経営形態は国営を意味する。エンゲルスは「われわれとしては、国家と言う代わりに、……共同体 Gemeinwesen という言葉を使うよう提案したい」（「ベーベル宛手紙」一八七五年三月）と述べているが、名称は変わっても、その実質は非政治的国家と同じである。

③しかしマルクスには社会主義社会（共産主義の第一段階）を「共同所有＝国有」とする直截な記述は見当たらない。というよりも、彼は共産主義社会における共同所有をその高次の形態と言

い、「生産者自身の協同組合的所有」という言葉も記してはいるが、しかし結局のところ、存命中に公表した文書の中で、この高次の形態を判明な仕方で言明するには至らなかったというのが実情である。「共同所有＝国有」を言明したのはレーニンであるが、この言明はマルクスの意思に沿うものである（第二章2、3参照）。

④ possession commune は仏語版『資本論』第32章の件の個所では共同占有（集団的占有）の意味で用いられているが、それに当たる独語版『資本論』第一巻（第三版）の Gemeinbesitz（第24章7節）も同様である。

B　計画経済と一大協同組合による共同占有

生産手段の共同所有にもとづく、市場経済を揚棄した計画経済の社会、すなわちマルクスによれば「生産者たちが彼らの生産物を交換しない」社会、「今や、資本主義社会とは異なり、個々人の労働がもはや回り道してではなく、無媒介に総労働の構成部分として現実存在しているが故に、生産物に費やされた労働が、この生産物の価値として、それが有する物的特性として現れることもない」社会(7)、これが過渡期に続く社会主義社会である。この社会をマルクスが一大協同組合（協同体）die Genossenschaft として構想していることは既に述べたとおりである（第一章2A）。一大協同組合であるとはいえ、それが協同組合である限り、無論この社会においても協同組合の三原則（自主的な経営管理・利潤分配制・従業員持株制）が貫徹されねばならないわけだが、しかし前に述べたように、過渡期における協同組合の大半は国有であり、従って三原則は二原則に縮減しており、従業員持株制ではなかった。加えるにまた、この国有が社会主義段階でいよいよ従業員持株制に転換され、個々の従業員による連合的所有（合有並びに民法でいう共有）が実現されるわけでもなかった。労働人民による労働用具の占有獲得は「償還」とは正反対のものであり、労働者は労働用具の総有者に留まるのであった（第三章2A、B）。この最後の点に関して付言すれば、仮に過渡期における協同組合の大半が逆に従業員持株制だったとしても、「総有者に留まる」という事情に基本的に変わりはない。なぜなら社会主義段階では共同所有（共同体的所有）となるのだから、国家による買上げと補償により、それらの従業員もまた総有者になるからである。

マルクスが『ゴータ綱領批判』で言う「労働者たち自身による協同組合的所有」の協同組合とは、一大協同組合すなわち協同体であり、社会主義共同体と同義のものである。それ故、言うところの「協同組合的所有」は「協同体=共同体」的所有を意味することになる。共同体的所有とは総有の別称に他ならず、かくして「労働者は労働用具の総有者に留まる」とする先の命題が確認される。

社会主義段階でも三原則の内の利潤分配制は当然堅持されるであろう。従ってわれわれが問うべき核心的問題の第一は、一大協同組合による占有すなわち協同体的占有（「はるかに高度の共同占有」と呼ばれたものに当たる）は、マルクスがそう考えたように、はたして「生産者が自由でありうる」ような「生産手段の集団的占有」と成りうるのかどうかである。仮にそれが「生産者の自由」を実現するものであるとすれば、協同組合の三原則はさらにもう一つ充足されることになろう。

第二の核心的問題は、上記の総有が真実に「労働者たち自身による所有」なのかどうかということである。もしもそれが真実であるならば、従業員持株制ではないとはいえ、協同組合の三原則はすべて貫徹されていると見なすこともできるであろう。

だがしかし、市場経済から一大協同組合による計画経済への転換によって、一大協同組合による占有は現場の生産者たちから疎遠なものとなり、同様にこの組合による所有も「労働者たち自身による所有」とはおよそほど遠いものとなり、かくして協同組合的占有と所有は共に有名無実化し、結果として、協同組合の占有と所有に関する二原則の貫徹は至難の業となることが予想される。

①協同組合的占有の国営への変質

まずは第一の核心的問題の考察から始めることにしよう。

一国一工場（一国一会社）体制に関しては確かにマルクスとエンゲルスはせいぜいのところ「一大調和的体系」とか「全国的な大生産協同組合」、「全国民からなる巨大な連合体」といった程度の構想を述べて黙示するに留まり、(8) 一国一工場構想を議論の余地なく彼らの立場として論定できるような「決定的言質」を文献上は残していない。だかしかし、文献解釈はさておき、市場を全廃した全国規模の計画経済という事柄それ自身に即して問題を熟考するならば、その名称はともあれ、一国一工場体制は必然的な帰結であって、それ以外の帰結は想定しがたい。確かに計画策定の方式としては分権的方式と集権的方式を両端とする様々な色合いのものが存在しうるが、しかし計画がいったん決まれば、生産は一つの共通計画にもとづいて全国規模で実施され、その当然の結果として一国全体が一つの巨大な協同組合（一国一工場）として永続的に機能することになる。(9) 先の「一大調和的体系」や「全国民から成る巨大な連合体」とはこうした事態を指称するものに他ならない。

ところでこの一国規模の独占的な巨大会社である一大協同組合は、過渡期との継続性において見れば、諸協同組合の総連合体に他ならないが、しかしこの巨大な協同組合を、過渡期の個々の協同組合の場合と同様に、現場の生産者たちが直接に共同占有して経営することは事実上もはや不可能である。従って一大協同組合にとっては、それを全体として共同占有（経営管理）するための中枢的機関ならびにそれに所属する事務的な幾つかの諸部門などから成る、経営管理のための一大中央機関の設置が絶対に不可欠になる。かくしてここに分権的なコミューン型国家という上部構造とは全く矛盾する中央集権的な経済的土台が形成されることになる。

この一大中央機関は、上記の総連合体を構成する各協同組合が元来は民営であったわけだから、同様に民営の機関であり、それ故また計画経済も民営であるように思われるかもしれない。しかしこうした見解は純然たる形式論理にすぎず、およそ実態からかけ離れたものである。というのも、この中央機関は一国全体の経済の経営管理に当たるのであるから、ここに全国的な行政と経済が一体化するのは必然である。従ってそれはもはや民間の機関とは言えず、むしろこの体制の公的機関と言うべき性格のものである。「共産主義社会の将来の国家制度」という『ゴータ綱領』におけるマルクスの物議を醸す一句は、こうした機関の不可欠性とその公的性格の認識に由来するものであろう。マルクスのこうした表現やレーニンの「階級のない国家」という言葉に従い、この一大協同組合を国家と呼ぶとすれば、当の一大機関は正にこの「非政治的」国家の行政機関の一つであり、しかも枢要な行政機関であると言うことができる。そうだとすればこの機関による経営管理は国営に他ならず、それ故またこの体制は、経済に関する上記の一大行政機関を備えた政府を持つ中央集権国家を意味することになる。

かくして大多数の生産者たちは今やもっぱら計画経済のためのこの一大中央機関、強大な政府諸機関を媒介にして生産手段の共同占有に当たることになり、共同占有はもはや過渡期のような現場の生産者による無媒介で直接的なものではなくなる。この一大中央機関を「総本社」に例えれば、共同占有は今や、総本社→部門別本社→諸支社→諸工場という具合に、幾重にも媒介され

た間接的でヒエラルヒー（階層制）的なものへと形態転換する。(10)

この一大中央機関の業務内容と役割については、マルクスが需要と供給、生産と消費が一致した社会における銀行の役割として列挙している『経済学批判要綱』の記述が参考になる。彼は計画経済の具体的な在り方に関して次のようなまとまった言及をしている。

①銀行は一般的な購入者にして販売者である。

②それは商品に物質化された労働時間を真正なものとして確定しなければならない。

③それは産業の平均的手段をもって生産しうる労働時間を規定しなければならない。

④それは一定量の生産物が生産されるのに必要な時間を規定し、生産者を等しく生産的であるような条件下に置かねばならない。

⑤それは生産が保証され、欲求が満たされるように、いろいろな生産部門で用いられる労働時間の数量を規定しなければならない。

⑥以上のことから、それはまた一般的生産者でもある。(11)

マルクスは上記のように述べた後で、次のように続けている。

「事実上、銀行は専制的な生産の政府であり分配の管理者であるか、それとも事実上共同的に労働する社会のために記帳をし、計算をする一部省にすぎないかのいずれかであろう。……サン・シモン主義者たちは、彼らの銀行を生産の教皇制度 Papsttum にしたてたのである」。サン・シモン主義の一般的銀行制度をマルクスは教皇制度に喩え、その中央銀行を「専制的な生産の政府」と見なしているわけである。他方、「事実上共同的に労働する社会のために記帳をし、計算をする一部省」というのは、彼自身の構想について語ったものと思われる。「専制的にはならない」と彼は考えていたのであろう。

需給変動や技術革新などによる諸影響を受けながら、従来は市場によって決まったことをすべて人為的に規定するというのであるから、無論これは並大抵のことではなく、いわんや誰にでもできることではない。ここに列挙されている諸項目や、経済計画の全国的な大枠の決定のような全体に関する部分の業務は総本社が担当し、各部門の本社は、それらを除く各部門全体に関する部分を担当する。各支社も同様に本社部分を除く支社に関する残された部分を担当するという具合である。

しかしこの転換はわれわれをのっぴきならない重大かつ困難な問題に直面させる。それは当の一大中央機関の「社会の従僕から社会の主人への変質」という問題である。協同組合的な占有を維持貫徹し、従ってまた一国一工場を巨大とはいえ名実ともに「協同組合」にふさわしいものとして存続させるためには、生産者たちがこの変質を防止し、一大中央機関をあくまでも彼らに従属した忠実な装置、彼らの意のままに制御できる従順な組織として、永続的に自らの支配下に置くことが必須の条件である。

マルクスとエンゲルスは徹底的な民主化にその打開策を求めた次第であるが、エンゲルスが国家機関の変質防止のための確実な手段として挙げているのは次の二項目である。①いつでも解任できるという条件で、関係者たちの普通選挙権によって司法、行政、教育上の一切の人員配置を行うこと、②あらゆる職務に対し、労働者並の賃金しか支払わないこと。[12] しかし一国全体の経済の経営管理に当たる一大中央機関の場合には特段の事情があり、それがこれらの防止策の確実性をきわめて疑わしいものにする。

計画経済当局とも言うべき一大中央機関は一国一工場体制の経営管理をその任務とするわけであるが、その機能は、生産に関しては全国的な経済計画の作成の推進とその執行ならびに監督であり、さらにこれらに生産物の流通が加わる。従ってこの一大中央機関は主として経済計画、執行、監督、流通の四部局から構成され、各部局の内部はまた工業・農業・漁業などの産業部門別に編成されよう。作成された計画を遂行するために当該機関は、一国一工場体制全体の中の一環を形成し、従ってこの計画の一端を担う各工場などに対し必要な指示を与え、それを指導し、監督しなければならない。すなわちこの一大中央機関は、計画の立案とその遂行を担う限り、各単位工場などに対し必然的に「社会の総指導部[13]」という地位を占めるのであって、かくして両者の間には指導・被指導という階層的上下関係が不可避的に成立する。

こうした上下関係に伴い、一方では、一大中央機関とそこで働く人たちは一国の全生産手段の上位の占有者となるのに対し、他方では、末端の各単位工場などで働く人たちは生産手段の一小部分の、しかも下位の占有者にすぎなくなる。加えるに、一大中央機関に体現される一国全体の経済のための経営管理労働は言うまでもなく精神労働であり、これに対し各単位工場における労働は、大多数の生産者にとっては肉体労働であると見なすことができよう。それ故この上下関係においては精神労働と肉体労働の対立にもとづく「垂直分業」が支配しており、したがってこの関係は「知の支配」という色彩を強く帯びる。さらにまたこの中央機関で働く大多数の者は決して生産者たる国民の代表として定期的に選出されるわけではなく、この体制の専門技術者・官僚として長年にわたりそこに所属する。このような諸関係にありながら、ミクロコスモスならともかく、一国規模の巨大工場というマクロコスモスにおいて、なおかつこの一大中央機関を逆に生産者たちに従属した忠実な装置として永続的に維持することはおよそ不可能な業と言わねばなるまい。

精神労働と肉体労働の対立にもとづく垂直分業と前者による後者の支配は、人間による人間の支配の基層として古来存在しており、古代のアジアではヨーロッパとは異なりこの垂直分業にもとづき階級と国家が形成されたことについては既に述べたとおりである（第二章4）。一国一工場体制の場合にも同じ分業が社会構造として存在するからには、当然そこでもアジア型階級社会形成のメカニズムが働き、その結果この一大中央機関が自立化して階級が形成され、この体制が「非政治的」国家からデスポティズム国家に収斂する危険性は永続的に存在すると見なさねばならない(14)。

だがしかしわれわれは近代に生きているのであるから、古代アジアとは異なりそうしたメカニズムに対し全く無防備なわけではなく、それに対抗できる有力な手段を持ち合わせているように見える。そうした手段とは古代アジアにはなかった三権分立にもとづく諸制度であり、なかんずく重要な役割を期待されるのは生産者たちの代表から成る議会である。その限り確かに議会を通じてこの一大機関をコントロールするという道がなお可能性として生産者たちには残されているようにも思われよう。代表が自由な普通選挙によって選出され、議会が行政と一体化せず、議会による経済計画案の審議や行政の監視、さらには立法活動が、健全かつ有効に機能するならば、確かに議会の存在は一大機関の自立化ならびに社会的職務活動にもとづく階級形成の抑止力としてある程度期待できるかもしれない。しかし議会が行政と一体化する可能性も否定できず、その場合には「非政治的」国家からアジア型の階級社会とデスポティズム国家への転成の歯止めを一大協同組合は失うことになる(15)。

仮に議会が抑止力としてある程度働くとしても、一国一工場体制が存続する限り、議会によってかの強大な行政機関と一般の生産者たちとの間に存在する前記の階層制的な上下関係に根本的な変化がもたらされることはとうてい期待しがたい。言うまでもなくそうした上下関係はこの体制の必然的な所産だからであり、根本的変化はそれ故この体制の変革によってしかもたらされないからである。こうした階層制的な関係が社会の下部構造として厳存する限り、社会的職務活動にもとづく階級形成のメカニズムは絶えず働き続けるわけであり、上部構造たる議会はこうした下部構造に究極的には規定されると考えられるから、議会の抑止力にもおのずと限界があると見なさねばならないであろう。

計画経済から帰結する一国一工場体制の下では、以上のように経営管理のための一大中央機関が一国の全生産手段の占有権を実質的に掌握し、その事実上の占有主体となり、過渡期における生産者の自主的な経営は国営に変質する。その結果、一大協同組合の大多数の生産者たちは全国規模の占有から疎遠になるのは無論のこと、協同組合的占有のこのような空洞化に伴い、各工場などにおいても、過渡期におけるかつての十全な占有主体から一大機関に従属的した補助的占有者に成り下がる。ここから帰結するのは行政と経済が一体化した中央集権的な一大ヒエラルヒー社会であり、国家による市民社会の吸収である。

集団的占有によって「生産者の自由の実現」を目指した社会は、かくして市場全廃の計画経済によってデスポティズム化の危険性をはらむ中央集権的な体制に転化し、占有のヒエラルヒー、階層秩序に照応した社会の階層化とその必然的な帰結である一般の生産者たちの従属化という、所期の目的（社会による国家権力の再吸収）とは全く裏腹な事態に帰着することになる。(16)

マルクスとエンゲルスは計画経済に不可避的に伴う管理の問題についていわば楽観視していたと言うことができる。それは次のような文言の内に確認することができよう。「階級の廃止がひとたび達成されたならば、……国家権力は消滅し、政府の機能は単なる管理的機能に転化する」、「公的諸機能はその政治的性格を失って、真の社会的利益を守る単なる管理的諸機能に変化するであろう」(17)。こうした楽観視は、垂直分業と占有にもとづく階級の形成という観点が未展開に終わった反面、私的所有の揚棄と共同所有が階級と国家の死滅の条件として過大視されるに至った点に由来するものと考えられる。古代アジアにおける階級と国家の形成に関わる前者の観点が十分な展開を見ていたならば、彼らの構想もかなり異なった相貌を示したであろう。

②協同組合的所有の国有への変質

次は第二の核心的問題である。過渡期において「差し当たり国有」であったものが、一大協同組合においては「労働者自身による協同組合的所有」になるとマルクスは考えたわけであるが、しかしそれは実際には連合的所有（合有や民法でいう共有）ではなく総有であり、「協同体＝共同体」的所有であることは先に述べたとおりである。しかも非政治的とはいえ、この協同体は一大行政機関を備えた国家なのだから、総有としての協同体的所有がこの非政治的国家の国有となるのは不可避である。かくしてわれわれは先刻承知の「共同所有＝国有」というレーニンのテーゼをここに確認することができる。

国有の対象となるのは何らかの生産手段である。『ゴータ綱領批判』ではそれは「共同財産」Gemeingut と呼ばれている。それがこの協同体の国有であるとすれば、当然それは国家による管理の対象となり、管財のための国家機関である管財部のようなものが必要になる。この機関が先に述べた一大中央機関に所属するのは無論であり、従って一大中央機関は一部局増えて、五部局編成になる。

経営には普通は管理も含まれる。管理の対象には物的なものと人的なものとがあるが、無論ここで問題にすべきなのは前者である。これまで「経営管理」と記したのは生産手段に対する管理を単に明示するためにすぎないが、この管財部は共同財産の主要部分の管理を掌握することになる。というのも、共同所有の対象である当の生産手段は同時に共同占有の対象でもあるからである。それ故、占有のヒエラルヒーによって共同占有の場合に見られたのと同じ事態が、共同財産の管理においても生起する。すなわち、占有のヒエラルヒーを背景にした共同財産の管理のヒエラルヒーによって、上記の管財機関が生産手段の管理権を実質的に掌握し、事実上の所有主体になり、他方、大多数の生産者たちは、彼らの使用する機械やその部品、道具類などを上部からの指示にもとづいてもっぱら管理することになり、彼らは一大機関に従属した存在になる。その結果、「労働者自身による協同組合的所有」は一大協同組合の各成員にとっては空疎なうたい文句となり、彼らは単なる名目上の所有者に転じ、事実上、無所有となる。

かくしてこの一国規模の巨大な協同組合は協同組合の残りの二原則を喪失し、協同組合とはおよそ異質なものに転化する次第である。それ故このような巨大組織をなお協同組合と称してみても、所詮それは純然たる名目にすぎず、生産者たちの直接的な協同組合的占有にもとづく協同組合とは全く同名異義のものであると言わねばならない。市場全廃の計画経済思想の放棄と、コントロールされた市場にもとづく連合社会への帰還が揚言されねばならないゆえんである。

〈注〉

(1)　エンゲルス「『賃労働と資本』への序文」MEW 22, S.209

(2)　「フランス労働党綱領」の「経済綱領8」には「すべての国有工場 ateliers de l'Etat の利用をそこで働く労働者に委ねる」とある。MEW 19, S.238, Anm.151

(3)　「収用が有償で行われるか無償で行われるかは……事情によって決まるであろう。補償はどんな事情の下でも許されないなどとは、われわれは決して思っていない」。エンゲルス「フランスとドイツの農民問題」MEW 22, S.503f.

(4)　エンゲルス「住宅問題」第三篇　MEW 18, S.282

(5)　前掲拙著、第9章2「『一国一工場体制』＝集権的計画経済の構想」で詳述。

(6)　エンゲルスは「『共産党宣言』ドイツ語第4版序文」(一八九〇年)で、発表当時、それを『社会主義宣言』と名付けるわけにはいかなかった理由を次のように述べている。

「一八四七年には、社会主義者〔オーウェン主義者、フーリエ主義者など〕とは……労働運動の外部にいて、むしろ『教養ある』階級に支持を求めていた人々であった。……これに反して、単なる政治的変革の不十分なことを確信して、社会の根本的な改革を要求していた労働者の一部分、この部分は、当時みずから共産主義者と名のっていた。……それは空想的共産主義の二つの体系、フランスではカベの『イカリア』共産主義、ドイツではワイトリングの共産主義を生み出すほどに有力であった。」MEW 22. S58. カベとワイトリングの唱える共産主義社会は、国有・国営の「一国一工場」体制であり、「一国一工場」体制こそは共産主義を共産主義たらしめる不可欠の要素である。マルクスやエンゲルスも共産主義を「一国一工場」体制として捉えていたものと考えられる。彼らの場合、「一国一工場」体制は、単に「連合の全般化」のみならず、物象的依存性ならびに社会的連関の自立的物象化の揚棄という立場からの帰結でもある（第六章5で詳述）。

（7）マルクス『ゴータ綱領批判』MEW 19. S.19-20

（8）マルクス「暫定中央評議会派遣員への指示」、エンゲルス「フランスとドイツの農民問題」、エンゲルス『共産党宣言』（一八八八年英語版）第二節末。MEW 16. S.195.MEW 22. S.503

（9）拙著、第11章で詳論。

⑽ サン・シモン派の場合、このようなヒエラルヒーの存在は十分に自覚されている。彼らは計画経済にもとづく「将来の社会制度」を「一般的銀行制度」と呼び、しかもそれを「政府に相当する中央銀行」に集権化された階層的組織として描写している。この制度においては、分業のために「各人はその能力に応じて階層区分」され、「職務、職能は能力に応じて割当てられ

る」からである。かくして、「その才能に従って階層制的に組織された産業の伯爵や男爵たち」が各産業体の長となるとされる。『サン・シモン主義宣言』（野地洋行訳、木鐸社）一〇一頁、一一〇頁、一一八頁、一八六頁、二二一頁。前掲拙著、第9章「諸派のアソシアシオン構想とデスポティズム」二三二－二三四頁で詳述。

⑾ MEGA Ⅱ/1.1,S.88. マルクス『資本論草稿集』1一三四頁（大月書店）。

⑿ エンゲルス「『フランスにおける内乱』（一八九一年版）への序文」MEW 17, S.624

⒀ MEW 22, S.500

⒁ ブランキは共産主義とデスポティズムの近親関係を明瞭に自覚している。彼は次のように述べている。「鉗子を用いて共産主義を予定より早く到来するようなことをすれば、この哀れな未熟児は一目散にエジプトの昔に舞い戻ってしまうであろう」。というのも、その場合には人民をだまして「共産主義のペテン師たちが共有財産の管理権を獲得する」からである。原因をペテン師たちによる権力の簒奪に見る限り、デスポティズムへの変質防止の鍵は人民の啓蒙に求められ、「啓蒙の光があまねく行きわたり、一人として他人に騙されるような者がいなくなる」ことが不可欠の条件となる。ブランキ『革命論集』上（加藤晴康訳、現代思潮社）一四四頁、一四七頁。前掲拙著、同前、二三六－二四〇頁。

⒂ マルクスは「コミューンは議会ふうの機関ではなく、同時に執行し立法する行動的機関でなければならなかった」と述べたが、しかしこれはパリ市コミューンに関することであって、「コミューン型国家」の全国的組織としては「全国派遣員会議」と「中央政府」とを区別していた

（『フランスおける内乱』MEW 17, S.339-40）。しかるにレーニンはパリ市コミューンに関することの記述を誤解して国政レヴェルに適用し、議会と政府の権力分立を廃止し両者の一体化を主張した（『国家と革命』第3章3節）。大薮龍介『国家と民主主義』（社会評論社）一二八－一二九頁。

⒃　マルクス『フランスおける内乱』第一草稿「コミューン――それは社会によって、社会自身の生きた力として、国家権力を再吸収するものである……」（英文テキストからの訳。国民文庫一四四頁）。「土地の国民化」「その時には……もはや社会そのものと区別されたいかなる政府あるいは国家も存在しないであろう！」、『ゴータ綱領批判』「自由は国家を社会の上にある機関から完全にその下につく機関に変えることである」。MEW 18, S.62　MEW 19, S.27

⒄　マルクス、エンゲルス「インタナショナルのいわゆる分裂」、エンゲルス「権威について」MEW 18, S.50,308

第六章

連合的社会主義と「否定の否定」、「物象的依存性」

1　計画経済とスターリン主義

A　スターリン主義の根源＝市場廃止の計画経済思想

スターリン主義体制の根幹を形成しているテーゼは、第一章で述べたように次の四つである。①国有＝共同所有、②社会主義社会＝国家独占的な「一国一工場」体制、③社会主義経済＝市場廃止の国営計画経済、④社会主義段階における「階級のない非政治的」国家の存続。中でも中央集権的な「一国一工場」体制はスターリン主義体制の土台とも言うべき位置を占めるものである。われわれはこれらのテーゼをすべてレーニンが著述したものに見いだすことができるが、マルクスやエンゲルスも社会主義社会が「一国一工場」体制であることを黙示ないしは示唆している。一国規模の独占的な一大協同組合（協同体）による共同占有（経営管理）が結局は計画経済という占有様式で国営となり、またその共同財産 Gemeingut も事実上は国有となり、その結果、「生産手段を集団的に占有する限り生産者は自由でありうる」とするマルクスの予想とは全く逆の事態が生起することは上述したとおりである。そうだとすれば、これらのテーゼに凝縮される立場の思想的理論的な根源は深く、マルクスやエンゲルスにまでさかのぼることになる。

社会主義を一国一工場体制とする構想の根源を問うならば、それは市場廃止の計画経済思想にあると言うことができる。一国一工場体制の弁護論はこの体制を諸悪の根源と見ることに批判的なわけであるが、その際、明示的ないしは暗黙のうちに想定しているのは、「民主的な一国一工場体制」すなわち形容矛盾的な「民主的中央集権主義」の可能性である。おそらく分権的方式による計画経済や「法律的政治的上部構造」による抑制がそうした可能性をもたらすと見なされているのであろう。マルクスの言う「協議した計画」は多分に分権的方式を匂わせるものであるが、一九二〇年代のギルド社会主義や旧ユーゴの七〇年代の協議経済もほぼこの方式に当たる。

しかし市場を廃止した計画経済体制は、計画が分権的方式で作成される場合でさえ、中央集権的な一国一工場体制に帰着する公算がきわめて濃厚である。マルクスがいわゆる「バクーニン・ノート」で改めて直面させられたのも正にこの問題である。先に紹介したように（第三章3B）、そこにはバクーニンの著書から次のような一節が論評抜きで抜粋されている。「彼ら〔マルクスとその友人〕は、単一の国立銀行を設立し、すべての商工業生産、農業生産、また学問生産をさえ自分の手に集中し、人民大衆を二つの軍に、すなわち新しい特権的な、学問的・政治的身分を形成する国家技術者の指令下にある工業軍と農業軍に分ける」。

バクーニンのこのような洞察は、二〇世紀に生起した諸結果からすれば、的中したと言わねばなるまい(1)。「計画経済は中央集権的な一国一工場体制に帰着する」のであって、従ってわれわれは、スターリン主義の根源は市場廃止の計画経済思想にあると言うことができるであろう(2)。

B　計画経済と死滅せざる非政治的国家の問題

市場を廃止した計画経済を一国規模で実施することは、一国一工場体制すなわち一国規模の単一で巨大な産業独占体を経営管理することを意味する。バクーニンがつとに指摘して批判したように、そのためには相応の巨大な経営管理のための機関が必要になるのは不可避的である。先に挙げたテーゼの④はまさにこの問題に直結している。

マルクスはこの問題に関連して次のように述べていた（第五章2B①）。「階級の廃止がひとたび達成されたならば、……国家権力は消滅し、政府の機能は単なる管理の機能に転化する」[3]。「階級支配が消滅すれば、今日の政治的な意味での国家は存在しなくなる」[4]。「バクーニン・ノート」ではこのようにマルクスはいまだ非政治的国家の存在を言外に匂わすだけに留まっているが、彼はやがて次のように語るに至る。「次に問題になるのは、国家制度 Staatswesen は共産主義社会においてはどんな転化をこうむるか、換言すれば、そこでは今日の国家機能に似たどんな社会的機能が残るか、ということである。……この綱領は、この後者〔プロレタリアートの革命的独裁〕についても、共産主義社会の将来の国家制度についても、論じていない」[5]。

エンゲルスは次のように述べている。「政治的国家は……来るべき社会革命の結果消滅するであろう、すなわち公共的機能はその政治的性格を失って、真の社会的利益のために配慮する単純な行政的機能に変化するであろう」[6]。「プロレタリアートは国家を自由のためではなく、その敵を抑圧するために必要とするのであって、自由について語りうるようになるや否や、国家としての国家は存在しなくなります。だからわれわれは、国家と言う代りに、どこでも共同体 Gemein-wesen という言葉を使うように提案したい」[7]。用語上の一貫性からすれば、エンゲルスとってそれをもはや国家と呼ぶことはできないにしても、しかし国家機関に相当する行政組織は存在するわけである。

レーニンはこれら二人の主張を勘案し、次のように述べている。「マルクスの前記の表現〔共産主義社会の国家制度〕は、まさにこの死滅しつつある国家制度を指しているのである」[8]。「死滅しつつある国家は、死滅の一定の段階では、これを非政治的国家と呼ぶことができる」[9]。「資本家はもはやいない、階級はもはやなく、したがってまた、どの階級を抑圧することもできないという限りでは、国家は死滅する。しかし国家はまだ完全に死滅したのではない」[10]。「ブルジョアジーのいないブルジョア国家……」[11]。この非政治的国家は、過渡期の、同様に死滅しつつある政治的国家であるプロレタリア独裁とは明確に区別されるものであり、社会主義段階で存続する階級のない国家である。

社会主義段階におけるこうした国家の存在の必要性をレーニンは、計画経済に言及することなく、もっぱら等量労働交換という「ブルジョア的権利」の擁護という観点から主張しているが、これは一面的である。こうした一面性にもとづきレーニンは「ブルジョア的権利」の擁護の必要がなくなる共産主義段階における国家の死滅について語っているが、しかしこの段階においても計画経済のための一大経営管理機関の存在は必須の要件であり、マルクスの言う国家制度は正にこれに当たるのだから、非政治的国家は死滅しそうにもない。

トロツキーも社会主義を国有・国営の一国一工場体制とするマルクス・レーニン主義の立場に立っている。しかのみならず、彼はレーニンの国家論を基本的に踏襲し、社会主義段階における国家の存続も認めている。一国一工場体制については次のごとくである。「〔労働力の〕こうした計画的配分は、配分される人々の国家の計画経済への服従を前提とする。そしてこれこそが、社会主義的労働組織の計画の中に基本的要素として不可避的に入ってくる、労働義務の本質なのである」、「社会主義に行き着くための道として、われわれには……労働力の中央集権的配分以外にはありえない[12]」。こうした社会主義をカウツキーは「兵営あるいは刑務所」と批判し、「国家奴隷制」と断罪している[13]。国家の存続についてトロツキーは次のように述べている。「社会の社会主義的変革という任務を自らに課している国家が、強制の方法によって不平等を、すなわち少数者の物的特権を守らざるをえない限り、それだけそうした国家は、たとえブルジョアジーが存在しなくとも、依然としてある程度まで『ブルジョア的』国家として留まることになる[14]」。

一国規模の計画経済を実施する限り、その名称はともあれ、巨大な経営管理機関の必要性は否定できない。そうした計画経済のための経営管理の労働は言うまでもなく精神労働であり、かくして精神労働と肉体労働という縦の分業が長期にわたり存続することになる。古代アジアでは、共同所有にもかかわらず縦の分業にもとづき階級が形成され、その結果アジア型国家が発生した次第であるが、一国一工場体制も同様の階級形成のメカニズムを保有しており、従ってアジア型国家への変質的転化への永続的傾向をはらんでいるわけである。

以上ＡＢで述べたことを踏まえるならば、スターリン主義を克服するための第一歩は、まず何よりも、社会主義＝市場廃止の計画経済という既成の固定観念を徹底的に批判し破棄する点に求められねばならない。これが破棄されるならば、「一国一工場」構想も必然的に消滅し、従ってそれに随伴する国営・国有の問題もすべて自ずと解消するからである。

２　社会主義の目的は階級と搾取の揚棄（否定）

市場廃止の計画経済思想に起因する一国一工場体制は、国営・国有による官僚的ヒエラルヒー体系に帰着すると同時に、国家による市民社会の吸収をひき起こし、かくして市民が専制的国家に従属した総体的奴隷制の社会をもたらす。こうした結論からすれば、マルクスやエンゲルスの目指した階級のない自由で平等な解放的社会は、市場経済を原則とした社会すなわち、計画経済という要素を部分的には含むにしても、多くの協同組合からなる多元的連合社会に求めなければならないことになる。この連合社会は、マルクスとエンゲルスの社会主義構想からすれば、所有形態こそ国有とは異なり合有であるが、資本主義から社会主義に至る過渡期社会の盛期にほぼ該当すると言うことができる。

社会主義は、生産手段の私的所有を揚棄 Aufheben（否定）した共同所有（正確には共同体的所有）にもとづく社会の実現を目指す立場として捉えられてきた。だかしかし、共同体的所有の実現は社会主義の目的それ自体ではなく、そのための手段として考えられたものにすぎない。市場の廃止についても同様のことが言えるであろう。そうだとすれば、社会主義の目的それ自体とは何であろうか？それは言うまでもなく階級社会の揚棄、すなわち階級と搾取の揚棄に他ならない。「共同所有＝国有」の一国一工場体制が、この揚棄を実現するどころか、逆に階級と搾取の再生産に堕したことは周知のとおりである。

市場の廃止は社会主義にとって決して必須の条件ではない。それどころか市場はむしろ存続させるべきでさえある。その理由は、一つには、これまで述べてきたように、市場の廃止が社会的自由と両立しうる展望はなく、国営・国有の計画経済はデスポティズム、専制国家をもたらすからである。もう一つには、プルードン風に言えば客観的な「価値の構成」のためには市場が不可欠だからである。

一九二〇～四〇年代には「社会主義経済計算論争」があり、その発端となったのはミーゼスの論文である。その中で彼は、社会主義共同体においても消費財に関しては「消費選択の自由」が成り立つことを認めつつも、他方の生産手段は、共同所有されるため交換されることはなく、その結果、「貨幣による生産手段の価値表現」は排除され、「経済計算は不可能になる」と主張し、経済計算の不可能な社会主義は「経済の合理性の廃棄である」と結論している。(15)

こうした批判に応える形で論争は始まるが、それは次のような段階をたどる。第一段階は、「ある種の実物計算によって価値による計算を置き換える」とする信念を取り扱うものであり、第二段階は、「数理経済学の技術を用いる計画当局によって遂行される計算過程によって、価値が見いだされるはずである」という提案を取り扱うものである。しかしその後、O・ランゲやH・D・ディキンソンなどにより「競争的社会主義」が提案され、論争は第三段階に入る。「競争的社会主義」は消費選択の自由と職業選択の自由を認めると同時に、資本財および生産資源については中央計画局が、市場の機能を代行して「計算価格」を設定し、かくして競争と経済計算を可能にしようとするものである。(16)

ハイエクに「競争的社会主義」の論者たちの口頭での論議にもとづき、「すべての新投資は中央から指令される」ので、このシステムは「疑似競争システムに帰着する」と批判している。さらに彼はその後出版されたランゲとディキンソンの著作を踏まえ、「競争的社会主義」の構想を分析することによって、中央計画局の任務の大きさをあらわにし、「投資に対する統制の保持により、中央当局は生産の指揮に対しもっとも広範な権力を振るう」ことを確認している。かくして彼は、「競争的社会主義」のシステムが「権威主義的なデスポティズムに堕落する」ことを指摘している。[17]「競争的社会主義」を唱えたランゲ自身、「社会主義の真実の危険は経済生活の官僚化である」という認識を示している。

われわれはこれまで「経済計算」についてはあまり言及してこなかったが、計画経済の諸方式とその帰結について論じた限り、何らかの仕方での経済計算の可能性を当然前提していることになる。ランゲが述べているような「中央計画局が、市場の機能を代行して『計算価格』を設定する」という案も、確かに経済計算を可能にする一つの方法なのであろう。しかしこれまでのわれわれの議論からすれば、どのような方式の計画経済にせよ、中央集権的で官僚的な国有・国営の一国一工場体制となり、デスポティズム国家となるわけだから、ランゲの計画経済の官僚化への危惧には無論のこと、ハイイクのデスポティズムへの堕落の指摘にも特に異を唱える理由は存在しない。

しかし市場は不可欠とはいえ、新自由主義者の言うように市場経済を野放しにするというわけにもいかない。市場経済に立脚するからには当然この社会にも競争があり、場合によっては破産や失業といった諸問題も生起する可能性があり、そうした諸問題には様々な法律や行政政策によって対応する努力が求められる。

3　多元的連合社会とその生産・領有様式

上記の議論を踏まえるならば、専制的なスターリン主義社会に代わる開放的な社会主義社会は、諸協同組合から成る社会、すなわち補完的なものとして計画経済的要素を伴うにせよ、市場を媒介にした生産物の交換、すなわち商品交換にもとづく利潤分配制の連合社会であることになる。市場にもとづくこの多元的連合社会は、先に述べたように、所有形態を別とすれば、マルクスやエンゲルスからすると資本主義から社会主義（共産主義の低次段階）への過渡期社会に当たる(18)。

発展した資本主義社会を前提する限り、この連合社会を構成する協同組合の大半は、資本主義の株式会社から転換した協同組合であると見なしても大過ないであろう(19)。こうした転換は、肝心なのは「何らかの理想を実現することではなく、旧来の崩壊しつつあるブルジョア社会そのものが胎内にはらんでいる新しい社会の諸要素を解放することである(20)」とする立場とも合致する。マルクスとエンゲルスは co-operative society と association のいずれに対しても等しく協同組合 Genossenschaft というドイツ語を当てているが、これらの協同組合における主要な諸原則は、マルクスの「インター派遣員への指示」や『資本論』第一巻第24章7節を踏まえるならば、次のとおりである。

①資本主義の株式会社の株式を従業員持株制による連合的所有（個々人的共同所有＝合有）に転換する。[21] これは利潤分配によって順次遂行される。

②各協同組合による生産手段の共同占有（協同組合的占有）Gemeinbesitz、すなわち協同組合による自主的な経営管理。所有と経営の分離に伴い、資本主義の株式会社の経営を担っていた生産者たちも組合員として参加する。

③持株数に無関係な、労働に応じた利潤分配＝利潤の共占有 Mitbesitz による、搾取すなわち資本主義的私的所有の揚棄 Aufheben。かくして賃金奴隷制の根本である無償労働は廃棄され、労働者は「労働に応じた分配」として「賃金＋利潤分配金」に相当するものを受け取るのであるから、こうした利潤分配制は、労働賃金すなわち労働力の商品価値を受け取るだけの資本主義的な賃金労働を揚棄すると同時に、単なる占有補助者にすぎない従来の賃金労働者を賃金奴隷から占有者へと格上げすることを意味する。[22]「労働に応じた分配」に際しては、無論、マルクスが『ゴータ綱領批判』で指摘しているように、「一般行政費」や「学校や衛生設備に充てられる部分」、「労働不能者などのための元本」などを初めとし、「持株の追加分」やさらには本人の年金、健康保険料なども控除される。

④株主には低率の利子を支払う。

以上のような協同組合の諸原則に立脚した市場にもとづく社会主義、われわれはこれを連合的社会主義あるいは、その分かりやすい特徴を明示して、利潤分配制社会主義と呼ぶことにしよう。

先にトロツキー・カウツキー論争に言及したが、第一次大戦後、第二インタナショナルは、周知のようにドイツ社会民主党を中心にした社会民主主義とロシア社会民主党を中心にした共産主義の二つの陣営に分裂する。連合的社会主義は、これまでの叙述から明らかなように、市場廃止の共産主義と異なるのは無論であるが、しかしまた他方の社会民主主義とも本質的に異なる。というのも、社会民主主義は、生産様式としては資本主義を認めながら、資本主義の改良を志向する立場だからである。それは租税を通じて社会福祉のために剰余の再配分を行い、所得格差を縮小し、所得構造をピラミッド型から洋梨型へと変容することを目指す[23]。

なるほど資本主義においても労働者はボーナスという形で利潤の分配を受けている。その限りボーナス制は確かに賃金労働の揚棄への一里塚、その初期段階ではある。だがしかしそれは決して無償労働すなわち搾取を、したがってまた資本主義的な私的所有と生産様式をアウフヘーベンするものではない。ボーナス制が無償労働のアウフヘーベンにまで進展すれば、それは上記の利潤分配制に転化することを意味し、それに伴い生産様式も資本主義的なものから連合的なものに転化する。

利潤分配制のもとでは無償労働が揚棄され、賃金奴隷制はなくなるにしても、しかし他方、連合社会は市場経済にもとづくのだから、そこには資本市場はもとより、労働市場も原則的には存在することになる。(24) 従って一見したところ労働力は、資本主義社会の場合と同様に、売買される商品に類似した姿をとることになる。だがしかし外見上は等しく「労働力の売買」という姿をとるにしても、その内実はこれら二つの社会では次のように本質的に異なる。

資本主義社会の場合、労働力商品は次のような規定を持つ。①賃金は労働力の再生産費に見合う額である。②労働力の購入者はその使用を他の商品の場合と同様に自分の権限の下に置くことができる。①について言えば、「賃金＋ボーナス」となっても搾取とそれにもとづく資本主義的私的所有は揚棄されないが、これに対し連合社会における「賃金＋利潤分配金」は正にその揚棄を眼目にしている。②について言えば、連合社会の場合、被雇用者たる労働者は、雇用者たる組合の平等な一員として共同占有者となり、共同占有を共に担うことになる。このように労働力は連合社会と資本主義社会とでは全く別の規定を帯びるわけであり、外見上は等しく「商品」のように見えるにしても、両者の間には、本質上、看過すべかざる決定的差異があると言うことができる。

協同組合の上記の諸原則を順守する限り、個人であれ団体であれ、原則上は自由に会社を創設できるわけであるが、そのためにも肝心なのは、資本主義的な生産様式から連合的生産様式(25)への転換の実現である。無論それは「労働者階級自身の事業」であり、労働に応じた利潤分配制と従業員持株制を各会社に義務付ける法制度の整備と確立によって、この転換はいっそう促されるであろう。

利潤分配制と従業員持株制を両軸とするこれらの会社が、利潤の実現と獲得を目指して努力するのは自然である。しかし資本主義とは異なり、連合的生産様式ではそのために生産者に対し無償労働が強いられることはもはやありえない。他方、生産物の販売に際しては、市場経済という原則からすれば、確かに同業者との競争は存続する。しかし肝心なのは、競争を一概に否定することではなく、それがルールに従って公正に行われるようにすることであろう。

連合社会は、競争に付随する倒産や失業といった連合 association の理念に対立する諸問題の可能性をはらむことになるが、それに対処するためには、従来そう考えられてきたように市場というわば「野獣」を殺す（廃止する）のではなく、飼い馴らすことが肝要であり、必須の要件でもある。そのための諸方策をプルードンは「ポリス」あるいは「アコモードマン」と呼んでいるが、それは具体的には独占禁止や様々な社会保険ならびに社会保障といった市場を調整する行政諸制度を意味する。その限り、そうした全国的な行政による調整を担うものとして、正に非政治的国家の存在は不可欠である。従って、先に挙げた四テーゼの内、④テーゼだけが存続することになる。

上記のオルタナティヴな連合社会が単なる一つの理想として既存の社会に外から押し付けられる性質のものであるとすれば、ユートピア社会主義同様、こうした主張や言説も現実性を持たない純然たる理想論（「べき」論）ということになるであろう。だがしかし連合的所有（個々人的共同所有）は株式会社や協同組合における「株式の分有（持株）」という仕方で既に資本主義社会に存在し、利潤分配制と従業員持株制も多かれ少なかれ同様にその胎内にはらまれている。従って協同組合の三原則にもとづく連合的生産様式の社会は、これらの萌芽的な要素をさらに発展させ、資本主義的株式会社の内的構造を協同組合的性格のものに転換させることによって実現される運びである。

総じて先進資本主義諸国は、戦後、賃金やボーナスの増加要求に応えるという仕方で、過剰な生産諸力と生産諸関係の矛盾に対応してきた。今日グローバルな問題となっている一方における過剰な生産力と他方における消費需要力の減退、すなわち「所得格差」も無論そうした矛盾の一つである。こうした矛盾こそは利潤分配制社会を生み出す社会的な物的推進力であり、そうした内部構造の転換に連なる利潤分配への要求は今後もなお続くものと考えられる。

4 「否定の否定」と連合的所有

A 二様の「否定の否定」

マルクスは「否定の否定」について『資本論』で次のように述べている。

「資本主義的生産様式から生まれる資本主義的領有様式は、従って資本主義的私的所有は、自分の労働にもとづく個人的私的所有の第一の否定である。しかし資本主義的生産は、自然過程の必然性をもって、それ自身の否定を生み出す。それは否定の否定である[26]」。

この引用からも明らかなように、マルクスは私的所有の存在をまず前提にし、それを個人的私的所有と資本主義的私的所有の二段階に分け、後者を前者の否定として捉え、さらに後者自身の否定（「否定の否定」＝共同所有）について述べている。つまり「否定」は二度とも私的所有の次元内で行われるわけである。とはいえ、「自分の労働にもとづく個人的私的所有」にもその成立の前史があるわけだから、「否定の否定」については前史の部分をも含めて語ることが望ましいと言える。

エンゲルスは『反デューリング論』でそれを行っている。彼は共同所有から私的所有への歴史における変化についても言及し、「私的所有をも否定し、それを再び共同財産 Gemeingut に変えようとする要求が、必然的に出てくる[27]」と述べているが、この共同財産の個所は『フォアヴェルツ』では共同所有 Gemeineigentum と記されている。後にそれを「ゴータ綱領」の用語に従い共同財産と改訂したものと考えられる。『ゴータ綱領批判』（一八七五年五月）ではマルクス自身も当の Gemeingut という言葉を用い、「生産手段の Gemeingut にもとづく協同組合的社会（生まれたばかりの共産主義社会[28]）」と述べている。これは共同財産への改訂が偶然の一致ではなく、両者の間における意思疎通の結果であることを十分窺わせるものである。協同組合的社会の共同財産であり、マルクスがこの批判書の中でそうした所有を協同組合的所有（英訳 co-operative）とも呼んでいるので、一見したところ、それは連合的に所有されたもの（合有）を示しているようにも思われたが、実はそうではなく、「一大協同組合」による所有すなわち「共同体＝協同体」的所有であることは既に詳述したとおりである。

そうした所有であることはマルクスの「ザスリッチ宛手紙（下書き）」（一八八一年三月）からも確認することができる。「それ〔資本主義的生産の宿命的な危機〕は資本主義的生産を除去することによって、近代社会を最も原古的な型――集団的な生産と領有――の高次形態に復帰させることによって終わるであろう」（第一草稿）、「資本主義的生産を協同的生産で取替え、また資本主義的所有を原古的な型の所有の高次形態、すなわち共産主義的所有で取替えることによって資本主義的生産の鉄鎖を打ち砕くことである」（第二草稿）[29]。これらの草稿はマルクスの死後に公表された（一九二四年）ものではあるが、当時の彼の所有論を知るためには不可欠である。

このように見て来ると、『ゴータ綱領批判』の文中の共同財産 Gemeingut は、「連合的に所有されたもの」ではなく、今しがた述べた共産主義的共同体＝一大協同組合による共同体的所有を意味していることになる。

かくして、歴史における所有形態の変化は、共同体的所有→（否定）個人的ならびに資本主義的私的所有→（否定の否定）共同財産（高次形態の共同体的所有）ということになる。この場合、否定の過程の全体は、共同体的所有の時代が加わったので、『資本論』での記述の場合に比べるとはるかに長大な歴史過程（数千年）になる。

B　「否定の否定」としての連合的所有

上記の所有形態に関する歴史の弁証法的三段階をまとめれば次のようになる。

①（即自的段階）共同体的所有、②（対自的段階）私的所有、③（即かつ対自的段階）高次形態の共同体的所有。第三段階は、先行する二つの段階の総合としてそれらの矛盾的統一であるべきだが、しかし見てのとおりその所有形態には対自の契機である「個人」が含まれていない。所有に関連して「個人」が出てくるのは、生産手段の所有ではなく、消費手段に関する「個人的所有の再建」の場面である（『資本論』第一巻第24章7節）。

共同体的所有を高次形態にするのは一大協同組合であると見なされたわけであるが、しかし一大協同組合的所有となっても、共同体的所有＝総有に変わりはなく、各人は一大協同組合の成員として単に名目上の所有者であるにすぎない。この一大協同組合の所有が事実上は国有となり、その経営も国営となり、その結果、一部の人々を除いて、組合員個々人は総体として奴隷となり、一大協同組合は総体的奴隷制社会に転化した次第である。

この弁証法的三段階とは異なり、連合的社会主義の場合は第三の「即かつ対自的段階」の所有形態が個々人的共同所有である連合的所有（合有）となる。ここでは第二の「対自的段階」の肝要な契機である「個人」が生産手段の共同所有者として姿を現しており、その限り連合的所有は先行二段階の矛盾的総合としての資格を十分備えていると言える。

5　社会形態の三段階と多元的連合社会

マルクスは個人の発展について次のように述べている。「人間は歴史的過程を通して初めて個別化される。人間は本源的には――決して政治的な意味でのポリス〔国家〕的動物としてではないとしても――類的存在、部族的存在、群棲動物として現れる[30]」。「自由競争の社会では、個々人は、それ以前の歴史時代に彼を一定の限られた人間集団の付属物にしていた自然の絆などから解放されて現れる。……一八世紀のこうした個人は――一方では封建的な社会形態の解体の産物であり、他方では一六世紀以来新たに発展した生産力の産物である」。「個別化された個別人の立場を生み出す時代こそ、まさにそれまでの内で社会的諸関係がもっとも発展した時代なのである。人間は文字通りの意味でポリス〔社会〕的動物である。……社会の中でだけ自分を個別化することのできる動物である[31]」。

このような主張がマルクスの「社会形態の三段階論」と密接な関連を持っていることは言うまでもない。彼によれば、「第一の社会形態」は「人格的依存関係 persönliche Abhängigkeitsverhältnisse」にもとづく社会諸形態（家父長的関係、古代の共同団体 Gemeinwesen、封建制度、ギルド制度）である。第二の形態は「物象的な依存性 sachliche Abhängigkeit にもとづく人格的独立性 Unabhängigkeit」の社会形態である。個人が発展した上記の自由競争の社会は正にこれに当たる。「この形態において初めて、一般的社会的物質代謝の体系、すなわち普遍的諸関連、全面的諸欲求、普遍的諸力能 Vermögen といったものの体系が形成される」。これに次ぐ社会形態の第三の段階は「自由な個人性 Individüalität」の社会であり、この個人性は「諸個人の普遍的な発展にもとづくものであり、また諸個人の共同体的 gemeinschaftlich、社会的 gesellschaftlich 生産性を諸個人の社会的力能として服属させることにもとづく」ものである。(32)

A　物象的依存性について

第一の形態（人格的依存関係）の否定が第二の形態（人格的独立性・物象的依存性）であり、第三の形態（自由な個人性）はそのまた否定であり、三つの形態は全体として弁証法的な三段階の関係にある。第三段階が「自由な個人性」の社会だとすれば、「否定の否定」において否定されるのは「物象的依存性」なのであろうか？　その場合、人格的独立性はどうなるのであろうか？

まずは「物象的依存性」の物象について検討することにしよう。マルクスは次のように述べている。「すべての生産物と活動とを諸交換価値に解消することは、生産におけるすべての固定した人格的（歴史的）依存関係の解消を前提すると共に、また諸生産者相互間の全面的依存性をも前提している。……価格も交換も古くからある。しかし価格がますます生産費によって規定されるようになるのも、交換がすべての生産諸関係を蔽うのも、市民社会 bürgerliche Gesellschaft において、つまり自由競争の社会において初めて十全に発展したのであり、ますます十全に発展するであろう(33)」。

自由競争の社会ではすべての生産物とそれを生産する活動（労働）は、商品である限り、具体的感性的な使用価値に加え、超感性的な「交換価値」を持っているように当事主体には見える（物象化）わけであるが、しかも彼はそうした意識に従い行動する。物象とはまず何よりも、当事主体にとって、そのような交換価値を属性として持っているように見える生産物や活動のことである。さらにまた売買の仲介をする貨幣も、属性として超感性的な「購買力」を持つと見なされ、資本も同様に属性として自己増殖力を持つと見なされる(34)。その限りでは貨幣や資本も同様に物象である。「交換価値においては、諸人格の社会的関連は諸物象の社会的関係付け Verhalten に転化しており、人格的な力能〔労働力〕は物象的な力能に転化している(35)」とされるゆえんである。市民社会はすべての生産物と活動を、交換価値を持つ商品として生産し交換することにもとづいており、正に物象に依存しているわけである。

しかし物象は、当事主体によって交換価値という超感性的な属性を持つと見なされる商品や貨幣、資本に留まらない。「各個別の個人にとって生活条件になってしまっているところの、諸活動と諸生産物との一般的な交換、彼ら〔諸個人〕の相互的な連関 Zusammenhang は、彼ら自身には疎遠で、彼らから独立したものとして、物象 eine Sache として現れる」[36]とマルクスは述べている。見てのとおりここで物象と呼ばれているのは、各個別の個人には「疎遠で彼らから独立した」社会的な連関のことである。この「社会的連関＝相互的連関」は、「相互に対し無関心な諸個人の相互的で全面的な依存性」によって形成されるものであり、連関性は「交換価値」に表現されている[37]。換言すればこの連関は、分業にもとづく協働連関としての市民社会のことであり、ヘーゲルにならってそれは「一般的生産力能[38]」とも称されている。つまり市民社会もまた物象なのである。

この社会的連関が物象と呼ばれるゆえんは、それが諸個人には、事物のように、「疎遠で独立したものとして現れる」点にある。敷衍すれば、それは「諸個人から独立して存立している諸関係のもとに諸個人を従属させる」ものとして現れるからである[39]。

B　第三の社会形態と物象的依存性の揚棄（否定）

「諸個人の生産物または活動を、まず交換価値の形態に、貨幣に転化する必然性それ自体と、諸個人がこうした物象的形態において初めて自らの社会的な力を受け取り、そして証明する」ということは、次の二つのことを証明しているとマルクスは述べている。

「1 諸個人はもはや社会のためにしか、また社会の内部でしか生産しない。2 彼らの生産は無媒介に unmittelbar 社会的であるわけではない、すなわち自分自身の間で unter sich 労働を配分する連合社会 association の所産ではない」[40]。諸物象に依存する社会は、それらに依存することによって社会的連関を形成し生産するのだから、当然その生産は物象を媒介したものになる。それに対し、この連合社会では当の社会が「自分自身の間で労働を配分する」わけだから、社会的連関は「諸個人の相互的な関係行為 Verhalten」[41]によって無媒介に形成されるわけであり、従って生産も無媒介に社会的であることになる。**自分自身の間での労働の配分**とは計画経済による配分を意味しており、第三段階の社会形態である連合社会とは「一国一工場体制」の社会であることが分かる。それは後に『ゴータ綱領批判』（一八七五年）で die Genossenschaft（一大協同組合＝協同体）と呼ばれことになるものと同じものである。

このことは次のような主張からも確認することができる。「すべての労働生産物、力能および活動の私的交換は、〔第一の社会形態における〕諸個人相互間の支配・隷属 Über-und Unterordnung にもとづく配分とは対立している。……同様にまた、〔第三の社会形態における〕生産手段の共同の領有と制御の基礎の上に連合した諸個人の自由な交換とも対立している」[42]。生産手段の共同の領有と制御とは、換言すれば生産手段の共同所有と共同占有のことである。『ゴータ綱領批判』では「労働者たち自身の協同組合的所有」と呼ばれているものが、ここでは「共同の領有」とされている。当該の「協同組合的所有」とは、個々人的共同所有としての「合有」ではなく共同体的所有であることをわれわれは先にも指摘したばかりであるが、ここにマルクス自身の言葉（一八五七〜八年）に即して改めて確認することができる。

彼の次のような言葉は、上記の連合社会を念頭に置いたものである。「諸個人は宿命として彼らの外部に現実存在する社会的生産のもとに包摂されている。しかし社会的生産は、それを彼らの共同的力能として取り扱う諸個人のもとに包摂されてはいない。従って交換価値、貨幣の基礎の上で、団結した諸個人による彼らの生産総体に対する制御を前提することほど、間違った愚かしいことはありえない……」(43)。つまりマルクスは「交換価値、貨幣」という物象を揚棄（否定）し、団結した諸個人による計画経済という「生産総体に対する制御」によって「諸個人の外部に現実存在する社会的生産」を、すなわち「独立（自立）的な」物象としての社会的連関を揚棄（否定）し、この連関を彼らのもとに包摂することを構想しているわけである。

われわれはこれまで市場廃止の計画経済構想をもっぱら連合の理念の全般化という視点から捉えてきたが、ここに至り、マルクスとエンゲルスの場合には単にそれに留まらず、この構想の背景には物象化論的立場も控えていることを確認することができる。

上述のように第三の社会形態は、諸物象ならびに「独立的な」物象としての社会的連関などによる物象的依存性を揚棄（否定）するとすれば、人格的独立性がそれにもとづくものである限り、当然この独立性もまた否定されることになる。しかし第二の社会形態で人格的独立性を享受できたのは、言うまでもなく資本家や地主などの支配階級に属する人々である。というのも、都市や農村の賃金労働者や小作農たちは、賃金労働をはじめ、生活上様々な物象に依存するとはいえ、およそ独立した状態にはなく、彼らからはそもそも独立性が奪われているからである。従って否定される人格的独立性とは、人格的独立性一般ではなく、支配者階級などの特定の人々だけが享受できる特権的な人格的独立性であると言うことができよう。

第三の社会形態をマルクスは「自由な個人性」の社会として規定しているが、これまで述べてきたことからすれば、この場合の自由は二つの要素から構成されていると言える。一つは「階級的隷属からの自由」であり、もう一つは「自立的物象をも含む物象的依存性からの自由」である。前者は、市場経済を揚棄した計画経済という連合した諸個人による生産手段の共同占有によって、後者は、私的所有を揚棄した共同所有によって、約言すれば、生産手段の共同占有と共同所有によって実現されると考えられてきた。

だがしかし、これまで繰返し述べてきたように、共同所有（共同体的所有）と、市場廃止の計画経済という様式による共同占有は、国有と国営に変質し、一大協同組合も「国有・国営の一国一工場体制」に帰着した。一大協同組合は「自由な個人性」の社会を生み出すどころか、マルクスにとってはおよそ意想外の事態を、すなわち協同組合という名称とは全く裏腹の、官僚的位階制（ヒエラルヒー）にもとづく専制的なスターリン主義体制を、すなわち総体的奴隷制をもたらした。スターリン主義体制の場合、社会形態は第二の形態から第一の形態へと逆戻りしたことを意味する。

C　多元的連合社会と物象的依存性の問題

スターリン主義体制には既に世界史の審判が下っている。その根源は「市場廃止の計画経済」思想に、換言すれば、それに由来する「一国一工場」構想にあるわけだから、歴史の審判はそうした思想・構想にも及ぶと見るのが道理である。それ故われわれは、マルクスの区分からすれば「物象的依存性」にもとづく「人格的独立性」の社会である市場経済の社会に立ち戻り、これら二つの側面から多元的連合社会について考察することにする。

まずは物象的依存性であるが、市場経済を認める限り、商品、貨幣、資本といった物象の存在も認めざるを得ないわけだから、当然この依存性は多元的連合社会でも存続することになる。しかしこの連合社会では、階級と搾取はもはや存在せず、労働に応じた分配が行われるわけだから、労働者の報酬は、外見上は「賃金」に類似した形態をとるにせよ、資本主義的な労働力商品の交換価値としての「労働賃金」とは本質的に異なっており、その限りでは労働力商品という物象は揚棄される。

　マルクスは資本主義における「支配・隷属関係」das Verhätnis der Über-und Unterordnungに言及し、第二の社会形態における「奴隷制や農奴制、家臣制、家父長制」などの隷属形態に比べ、「〔支配・隷属関係の〕形態はより自由になる」と述べているが、その理由として彼が挙げているのは「形態はもっぱら物象的な性質のものであり、形式的には自発的であり、純粋に経済的である」点である。(44)

　物象的依存性にもとづくとはいえ、多元的連合社会はしかし、物象的な性質の「支配・隷属関係」までも引き継ぐものではない。なぜならそこにはもはや階級と搾取は存在しないからであり、「形式的」ではなく「実質的に自発的」となりうる物的基礎が、連合的所有（合有）、共占有さらに共同占有として、各組会員には存在するからである。

　経済的諸制度などの社会的連関（協働連関）という「物象」について言えば、一つには、協同組合の総連合による制御、(45)もう一つには、非政治的国家による行政的な指導・改革などにより、その独立（自立）化の緩和ないしは阻止を図ることになろう。マルクスによれば「交換価値、貨幣の基礎の上で、団結した諸個人による彼らの生産総体に対する制御を前提することほど、間違った愚かしいことはありえない」わけであるが、しかし多元的連合社会の場合、制御のために団結するのは諸協同組合であり、この点に顕著な相違が存在すると言える。

他方の人格的独立性は、第二の社会形態では資本家や地主などの特定の人々に限定されたものであったが、これに対し多元的連合社会では、それは一部の人たちの特権から万人の享受できる権利へと普遍化する。かくして人格的独立性の社会形態は新たな段階を迎えることになる。その物的基礎を提供するのは、無論、協同組合である。なぜならそこでは、利潤分配制によって搾取と階級の根底が否定（揚棄）され、すべての個々の共同組合員が、従業員持株制に伴い、連合的所有（合有）者となるからである。

〈注〉

（1）「ノーメン・クラツーラ」と呼ばれる旧ソ連の支配者階級およびその候補は、報道によれば、政治関係は二五万人、工業関係は三〇万人、農業関係は七万人、研究・教育関係は一五万人である。

（2）ペレストロイカ以後、ロシアでは「マルクス、レーニンの思想そのものの批判的解明」が行われるようになり、スターリニズムの根源を「明示的にマルクス理論に求める」主張も登場する。ユーリー・ブルチンは「マルクス、エンゲルスの社会主義に関する理論的想定を現実化すると兵営的な社会に至らざるをえない」、「マルクス的社会主義構想〔商品・市場カテゴリーの廃止、私的所有の廃止、全生産力の国家所有への集中、国家の役割の増大、ブルジョア民主主義の破壊など〕の結果として、今日『スターリン的』と呼ばれているものが生まれる確率はきわめて高かった」と述べている（塩川伸明『終焉の中のソ連史』朝日選書、一九九三年、二〇五頁）。

(3) マルクス、エンゲルス「インタナショナルのいわゆる分裂」（一八七二年）MEW 18, S.50

(4) マルクス「バクーニンの著書『国家制と無政府』摘要」（「バクーニン・ノート」一八七四年）MEW 18, S.634

(5) マルクス『ゴータ綱領批判』（一八七五年）MEW 19, S.28

(6) エンゲルス「権威について」（一八七四年）MEW 18, S.308

(7) 同前「ベーベル宛手紙」（一八七五年）MEW 34, S.129

(8) レーニン『国家と革命』（一九一七年）、国民文庫一二一頁。

(9) 同前、九一頁。

(10) 同前、一三六頁。

(11) 同前、一四一頁。

(12) トロツキー『テロリズムと共産主義』（一九二〇年）、トロツキー選集12、現代思潮社、一八六頁。

(13) Von der Demokratie zur Staats-Sklaverei, S.114,122（一九二一年）

(14) トロツキー『裏切られた革命』（一九三六年）、岩波文庫七八頁。

(15) Collectivist Economic Planning.p.90,105,110（ed.by F.A.Hayek 1935）. 迫間新次郎訳『集産主義計画経済の理論』実業の日本社、一九五〇年（村岡到編『原典・社会主義経済計算論争』に

再録。ロゴス、一九九六年）

⒃　O.Lange, On the Economic Theory of Socialism,p.72,78,82,109（repr.,A.Kelley Publishers 1970）. 土屋清訳『計画経済理論』一九四二年。

⒄　Collectivist Economic Planning, p.204, 206-7

⒅　「十全な共産主義への移行に当たって、われわれは協同組合的経営を中間段階として大々的に応用しなければならないであろう。このことについてはマルクスも私も疑問を持ったことはなかった」（エンゲルス「ベーベル宛手紙」一八八六年）。

⒆　マルクス『資本論』第三巻第27章、Ⅲ株式会社の形成 MEW 25, S.456
「資本主義的株式企業も、協同組合工場と同じく、資本主義的生産様式から連合的生産様式への過渡形態と見なされうるが、ただ一方では対立が消極的に、他方では積極的に揚棄されている。」

現存社会主義における「社会主義改革」の試みがすべて破産し、「脱社会主義」に転化したのは冷厳な事実である。企業家精神の欠如、資本市場の欠如、所有改革の欠如などがその原因として挙げられている（塩川伸明『社会主義とは何だったか』勁草書房、三八頁、一一七頁、一三三頁）。

連合的社会主義はしかし、発達した資本主義を出発の前提とするわけだから、企業家精神も資本市場もそこには存在しており、「社会主義改革」の試みの場合とは事情が異なる。所有も連合的所有であり、連合的に所有されているものは共同所有であるにしても、株式の持分は「個人的所有」である。

(20) マルクス『フランスにおける内乱』MEW 17, S.343

(21) 株式会社の資本をマルクスは「社会〔会社〕資本 Gesellschaftskapital（直接に direct 連合した諸個人の資本）」と呼んでおり、しかもこの社会〔会社〕資本を「資本主義的生産様式そのものの限界の内部での、私的所有としての資本のアウフヘーベンである」とさえ述べている。彼は明言を避けているが、社会〔会社〕資本が私的所有ではないとすれば、それは新たな形態の共同所有（民法の「共有」Miteigentum）であることになる。共同所有であるにもかかわらず、「資本主義的生産様式そのものの限界の内部」に留まっていると見なされるのは、剰余労働の搾取が行われているからであると考えられる。利潤分配制にすれば、この限界を超えるわけであり、その時には「連合した諸個人」の社会〔会社〕資本としての連合的所有は、文字通り「私的所有としての資本のアウフヘーベン」すなわち共同所有になる。『資本論』第三巻、MEW 25, S.452

エンゲルスは「エアフルト綱領批判」で次のように述べている。「株式会社による資本主義的生産は既にもはや私的生産ではなく、多数の人間の連合的 assoziiert 的勘定による生産である。」MEW22, S.232

(22) 広西元信『資本論の誤訳』（こぶし書房）一一六頁、「マルクス『所有』概念への現代的訳注」（『経済評論』一九八二年二月）。

(23) ハイマン『近代の運命』（新評論）二二八頁。新自由主義の結果、近年、周知のように格差が急速に拡大し、所得構造がピラミッド型へと逆転した。

(24) ユーゴやハンガリーに現存した従来の市場社会主義には、少なくとも二つの重大な欠陥が存在していた。一つは資本市場の欠如であり、もう一つは企業家精神の欠如である。国有という所有形態が禍となり、市場経済には不可欠の企業家精神が育成されなかったのである。前掲拙著、第11章第3節「現存市場社会主義の試行錯誤」で詳述。

(25) マルクスは資本主義的株式企業も協同組合企業も等しく「連合的 assoziiert 生産様式」への過渡形態と見なしている（MEW 25, S.456）。この場合の「連合的生産様式」とは、「個々人の労働が、もはや回り道してではなく、無媒介に unmittelbar 総労働の構成部分として現実存在している」計画経済にもとづく共産主義的な生産様式である（『ゴータ綱領批判』）。われわれはこの用語を市場経済にも拡大適用し、「協同組合の諸原則に立脚した市場にもとづく社会主義」の生産様式としても用いる。

(26) マルクス『資本論』第一巻第24章7節、MEW 23, S.791. 訳文は独語第三版に従う。仏語版では「従って資本主義的私的所有は」の部分が欠けており、「第一の否定」が分かりにくい。

(27) MEW 20, S.129、

(28) MEW 19, S.19. この Gemeingut だけは「共同所有」と訳さないと日本語として不自然になる。

(29) MEW 19, S.392.398. 『資本論』（第三巻27章、Ⅲ株式会社の形成）には次のような一文もある。「株式会社では、機能は資本所有から分離されており、従ってまた、労働も生産手段と剰余労働との所有から全く分離されている。このような、資本主義的生産の最高の発展の成果こそは、資本が生産者たちの所有に、とはいってももはや個別化された生産者たちの私的所有としてではなく、連合した生産者である彼らの所有としての、無媒介な社会的所有としての所有に、逆転化する Rückverwandlung ために必要な通過点なのである。」MEW 25, S.453.（強調は引用者による）

(30) マルクス『経済学批判要綱』Grudrisse der Kritik der politischen Ökonomie, 新 MEGA S.399.『マルクス資本論草稿集』2（大月書店）一五〇頁、『諸形態』国民文庫四五頁。訳文は既存の邦訳とは異なる場合がある（以下同様）。

(31) 同前、「序説」、『マルクス資本論草稿集』1、二五－二七頁。

(32) 『マルクス資本論草稿集』1、一三八頁。

(33) 同前、一三五頁。

(34) 「物象」、「物象化」については、広松渉『唯物史観の原像』六三頁以下、『物象化論の構図』六五頁以下、九五頁以下に適切な説明がある。物象化とは「人と人との社会的関係……が『物と物との関係』ないし『物の具えている性質』ないしは『自立的な物象』の相で現象する事態」である（『……構図』九五頁）。

(35) 『マルクス資本論草稿集』1、一三七頁。

(36) 同前、一三七頁。

(37) 同前、一三六頁。

(38) 同前、一三八頁。ヘーゲルは「欲求の体系」としての市民社会のことを「一般的持続的力能」

と呼んでいる（『法の哲学』第一九九節）。

(39) 同前、一三七頁。『ドイツ・イデオロギー』（広松渉編訳、河出書房新社、三六頁）には次のような一節がある。「社会活動のこういう自己膠着、われわれ自身の生産物〔協働連関〕がわれわれを制御する一つの物象的な強力になるこの凝固、……これこそ従来の歴史的発展における主要契機の一つである……」。さらに分業にもとづく協働連関から生成する「生産力」については、「疎遠な彼らの外部に自存する強力であるかのように見える」と述べられている（同書は「広松渉編訳、小林昌人補訳」として岩波文庫からも出版されている）。

(40) 『マルクス資本論草稿集』1、一三九頁。注(25)の引用文にも「個々人の労働が、もはや回り道してではなく、無媒介に、総労働の構成部分として現実存在している」とある。

(41) 同前、一三七頁。

(42) 同前、一三九頁。「諸個人の自由な交換」に関しては、『ゴータ綱領批判』の次の諸節が参考になる。「生産手段の Gemeingut〔共同所有〕を土台とする協同組合的社会の内部では、生産者たちは彼らの生産物を交換しない。同様にここでは、諸生産物に費やされた労働が、これらの生産物の価値として、それらが占有する物的特性として現れることもない」。「個別の生産者はしかじかの労働（共同の元本のための彼の労働分を控除したうえで）を給付したという証券 Schein を社会から受け取り、この証券を用いて消費手段の社会的貯蔵品から等しい量の労働を要するものを引き出す。」MEW 19, S.19f.

(43) 同前、一三九頁。

(44) マルクス『直接的生産過程の諸結果』国民文庫九三頁。Das Kapital 1.1, Diez Verlag, S.109

(45) マルクス『フランスにおける内乱』MEW 17, S.343. 彼は次のように述べている。「もしも諸協同組合の総連合が共同の計画にもとづき全国の生産を調整し、こうしてそれを自分の制御の下に置き、資本主義的生産の宿命である不断の無政府状態と周期的痙攣とを終わらせるべきであるとすれば、——諸君、それこそは共産主義、『可能な』共産主義でなくて何であろうか?」その際マルクスの念頭にあったのは市場廃止の計画経済であるが、しかし同様のことは市場にもとづく多元的連合社会の場合にも可能であろう。

あとがき

初出一覧

第一章：『二一世紀社会主義への挑戦』（社会主義理論学会編、社会評論社、二〇〇一年五月）に収録。これに若干加筆し、字句の訂正を施したもの。

第二章：『岐阜経済大学論集』（第2号、二〇〇八年二月）に掲載。これにも若干加筆し、文意を明確するために文章に添削を施した。

第三章～第五章：これと重なるテーマを扱った旧稿があるが（『岐阜経済大学論集』第4号、二〇〇一月三月）、今回上梓するに当たり、その前提になっている幾つかの解釈に関する抜本的な批判的超克にもとづき、全面的に改訂し書き改めた結果、別の論稿となり、事実上の書き下ろしとなった。

第六章：前半（第一節～第三節）は旧稿「利潤分配制と従業員持株制」（『社会主義理論学会会報』第五〇号二〇〇二月一〇月）を部分的に改訂したもの。後半（第四節～第五節）は書き下ろし。

本書にまとめ上げるまでには以上のように少なからぬ歳月を要したわけであるが、その主たる理由は第三章～第五章に関して記した「幾つかの解釈に関する抜本的な批判的超克」に関わるものである。それらの解釈の主なものを列挙すれば次のごとくである。

①太古のアジア的共同体では、共同体員は「生産手段（土地）の個人的所有者でありかつ共同所有者である」（個々人的共同所有）。

②「協業と土地の共同占有と……生産手段の共同占有とにもとづき」再建される「個人的所有」（『資本論』第一巻第24章7節）とは生産手段の「個々人的所有」である。つまり、共同所有物を共同占有することによって再建される「個人的所有」は、①のアジア的共同体の「個々人的共同所有」の「高次形態」ということになる。

③『反デューリング論』（MEW20, S.129）におけるエンゲルスの地の文中における Gemeinbesitz は「共同所有」である（翻訳ならびに解釈）。

①と②が深く関連していることは明白である。しかしこのような解釈と『反デューリング論』「弁証法　否定の否定」の関連個所の叙述は明らかに矛盾する。そこでエンゲルスが批判されることになり、彼は個人的所有が分かっていないとか、「共同所有」と「共同占有」を同義に使っているとされ、その論拠の一つとして③が持ち出されたりする次第である。しかしマルクスはこの個所の叙述をあらかじめ聞いて承知していたわけだから、こうした解釈には土台無理がある。

これらの解釈を批判的に乗り越えようとしたのが第三章〜第四章であり、その結果、初めて第五章以下の首尾一貫した展開も可能になった。共同体的所有を高次形態で再現しようとしていたマルクスの念頭には「生産手段の個々人的共同所有」の再建は微塵も存在しなかったが、しかしスターリン主義を克服する連合的社会主義においては、生産手段の個々人的共同所有は連合的所有（合有）として、共同占有ならびに共占有と共に、基軸的な役割を担うことになる。

国分 幸（こくぶ　こう）
1941年生まれ
1970年　名古屋大学大学院文学研究科哲学専攻博士課程修了
岐阜経済大学経営学部名誉教授
訳書（共）：ヘーゲル『近代自然法批判』世界書院、1995年
著書：『デスポティズムとアソシアシオン構想』世界書院、1998年

マルクスの社会主義と非政治的国家
——一大協同組合から多元的連合社会へ

2016年12月15日　初版第1刷発行
著　者　　国分　幸
発行人　　入村康治
装　幀　　入村　環
発行所　　ロゴス
〒113-0033　東京都文京区本郷2-6-11
TEL.03-5840-8525　FAX.03-5840-8544
URL http://logos-ui.org
印刷／製本　　株式会社 Sun Fuerza

定価はカバーに表示してあります。 ISBN978-4-904350-42-3　C0031